轻学术文库

既严肃严谨又轻松好看的学术书

成为更理性的人

用社会学看透现代社会

孟庆延 著

海南出版社
·海口·

图书在版编目（CIP）数据

用社会学看透现代社会 / 孟庆延著 . -- 海口：海南出版社，2024.7. -- （成为更理性的人）. -- ISBN 978-7-5730-1654-6

Ⅰ.C91-49

中国国家版本馆 CIP 数据核字第 20245KB625 号

成为更理性的人：用社会学看透现代社会
CHENGWEI GENG LIXING DE REN:
YONG SHEHUIXUE KANTOU XIANDAI SHEHUI

作　　者	孟庆延				
责任编辑	徐雁晖	项　楠	刘兴华	陈淑芸	胡守景
执行编辑	戴慧汝				
特约编辑	刘笑月	王晨睿	丁　虹	沈　骏	
特约策划	张　萌	何嘉欢	仇　悦		
封面设计	陈　晨				
印刷装订	三河市中晟雅豪印务有限公司				
项目统筹	吕　航				
策　　划	读客文化　爱道思人文学社				
版　　权	读客文化				
出版发行	海南出版社				
地　　址	海口市金盘开发区建设三横路 2 号				
邮　　编	570216				
编辑电话	0898-66822026				
网　　址	http://www.hncbs.cn				
开　　本	880 毫米 ×1230 毫米　1/32				
印　　张	8.25				
字　　数	150 千字				
版　　次	2024 年 7 月第 1 版				
印　　次	2024 年 7 月第 1 次印刷				
书　　号	ISBN 978-7-5730-1654-6				
定　　价	59.90 元				

如有印刷、装订质量问题，请致电 010-87681002（免费更换，邮寄到付）
版权所有，侵权必究

目 录

01 导论:"社会"为什么是现代人的默认值? ... 001
群体:"社会"的通俗表达 ... 003
社会学:研究群体的学问 ... 005
群体:现代社会的默认值 ... 007
"社会学"的诞生:现代世界中"社会"与群体的巨变 ... 008
社会:个体的生存域与意志的催化剂 ... 012

现代人的特征

02 自由与平等:现代社会为什么需要同一的价值基础? ... 019
"优质偶像"谷爱凌:她到底是不是普通人? ... 022
魅惑:平等与自由为什么总是可望而不可即? ... 024
平等与自由:思想史中的本来含义 ... 026
生活世界:机会平等与节制自由 ... 028
独立:现代性紧张的舒缓剂 ... 032

03 财产与劳动:"视财如命"为什么是现代社会的群体特征? 037

富兰克林的遗留问题:生命与财产真的同等重要? 040

马克思的遗留问题:劳动为什么是人的本质属性? 042

财产、劳动与现代性:"Property"的双重意涵 045

财产、劳动与群体性:社会是如何可能的? 048

04 消费与异化:消费主义为什么成了现代社会的基因? 053

贪婪、欲望与消费:从电影《七宗罪》说起 055

"生产"的终结:生产与消费的关系倒置 057

异化的人类:被制造的消费欲与被裹挟的消费者 060

用户画像与市场分析:人群的最大公约数 064

05 效用与价值:社会生活的普遍逻辑是如何支配我们的? 069

"自由而无用"的内在逻辑 071

效用:现代的本能 073

价值:文明的指归 078

意义的消逝:一个时代的群体症候 080

06 结构与行动:群体的"身份标识"是如何产生的? 085

人:结构性动物 087

"泰坦尼克号"上的生与死 091

社会结构的本质：群体的分类系统　　　　　　　　　093

社会结构的二重性：先赋性与可变性　　　　　　　　096

现代社会的特征

07　职业与分工：现代社会为什么是由一群"社畜"组成的？　103

"内卷"的"系统人"：从"困在系统里的外卖骑手"说起　　107

职业系统：现代群体的生活形态　　　　　　　　　　108

职业生活何以神圣：天职（calling）的神圣性及其道德性　　113

走出"社畜"状态：现代社会的可能性　　　　　　　116

08　家庭与家族："家"为什么依然是现代社会的基本形态？　119

"家"到底意味着什么？　　　　　　　　　　　　　121

从《非孝》到萧红：时代的棱镜　　　　　　　　　　123

血缘与宗法：最小群体组织的内在逻辑　　　　　　　126

婚姻与家庭：不确定的缘分与确定性的血缘　　　　　130

何以为家："家"逻辑的拓展与中国社会的内在机理　　132

09　网络与技术：互联网是如何塑造社会生活的？　139

世无孔子，谁能定是非真假？　　　　　　　　　　　141

速度、流量与空心：互联网的群体逻辑本质　　　　　146

III

虚妄与迷狂：制造"乌合之众"？　　150

10　宗教与政治："上帝死了"之后，社会秩序又如何可能？　157
　　上帝真的死了吗？　　159
　　政教纠葛的非意图后果：耶路撒冷的血与沙　　162
　　政治：权力的游戏何以成为群体的秩序？　　165
　　政教分合：争斗与妥协的双螺旋结构　　167

11　荒蛮与理性：现代社会是如何被规训的？　173
　　公开酷刑的消失　　175
　　愚人船的隐喻　　176
　　现代社会中的规训：群体的治理术　　178
　　罪犯与精神病：群体的"排他性"机制　　181
　　群体安全与个体隐私：群体的恒久悖论　　185

12　道德与法律：现代社会治理为什么需要"软硬兼施"？　189
　　法律与道德的复杂关联："江歌案"的底层逻辑　　193
　　法律一定是硬性的吗？　　196
　　道德一定是软性的吗？　　200
　　法律与道德为什么对于群体秩序来说缺一不可？　　202

13 制度与人心：群体规则为什么会经常失灵？ 207

现代社会为什么迷恋"制度"？ 209

失灵的制度：故事一则 212

意外的后果：故事一则 213

制度为什么会失效？ 215

制度可以有弹性吗？ 220

14 国家与个人：现代社会还需要"国家"吗？ 223

换个角度看"国家"："归化"运动员究竟是哪国人？ 227

国家：群体的大规模存在形态 229

现代国家：群体化学反应的复杂后果 231

家国一体：中国国家形态的内在逻辑 234

15 后记：谁是鲁滨孙？何处桃花源？ 241

抽象的现代人：生活世界的流亡者 244

现实的乌托邦：可望而不可即的桃花源 248

孤岛的鲁滨孙：一个现代性的隐喻 250

共同体：流亡者的安顿之所 254

01
导论:"社会"为什么是现代人的默认值?

01　导论:"社会"为什么是现代人的默认值?

群体:"社会"的通俗表达

"宅""社交恐惧症""大型社死现场""内卷""吃瓜群众""网络暴力"……当这些流行词语充斥着我们的生活世界的时候,不知道你有没有意识到,它们都和一个词有关,那就是"社会"。

"宅"是一种生活状态,更是一种心理状态,这个字背后的意思就是"我想自己待着"。为什么身处现代生活中的我们,更愿意"宅着"呢?是因为"自由""自主"这种价值观念占据主导,还是因为大家都患上了"社交恐惧症"?那么,"社交恐惧症"又是一种怎样的"病"?为什么很多人都将"我社恐"作为自己的口头禅,对正常的社会交往避之不及呢?是因为真实世界中的群体生活成本太高,大家不愿意将"自己宝贵的时间和精力"投入其中吗?还是因为"社会"太复杂,不小心就会将自己变成"大型社死现场"的主角呢？……

现代人，为什么活得这么累，宁愿承受孤单也不愿意和他人共享真实的群体生活？对这个问题，"社畜（们）"一定会回答说：那还不是因为太"卷"了吗？！"内卷"这个词本来是美国人类学家克利福德·格尔茨（Clifford Geertz）在研究东南亚水稻种植业时发明的概念，用来指代"边际效益递减"的现象，现如今却已经变成一个大众用来形容自己的生活和职业状态的流行词语。但是，我们有没有想过，究竟为什么会"内卷"呢？它的本质，其实是一个"社会"问题，更通俗地说，就是群体问题——因为如果没有众多的"他者"作为参照系，根本就谈不上"内卷"。你之所以加班到晚上9点还不回家，是因为你的同事们都有着加班到10点的心。你看，"内卷"本身是一个"社会问题"。

可千万不要小看"社会"的力量，因为这个词语不仅会让你"内卷"，还会让你恐惧。比如，在今天媒介技术与信息技术高度发达的情况下，每个人几乎都会成为"吃瓜群众"中的一分子，一边吃一边还要关心这个瓜"是不是保熟"。不仅如此，当我们"吃到某些大瓜"的时候，还很容易基于朴素的正义感与道德观在互联网世界中对素不相识的"当事人"展开善恶是非的评判，于是我们可能在无意中就变成了"键盘侠"，甚至参与了一场"网络暴力"的狂欢。身处其中的我们，对这一切其实一无所知。直到有一天,当自己成为"网暴"对象的时候,可能才会不禁发问:这个社会,究竟怎么了?

一般来说,上面提到的这些看似平常的例子,现在都会被大众认为是"社会问题",而且是应该由"社会学"这门学科所解决的问题。其实,这种看法太过于学理化和抽象化了。因为这些问题的底层逻辑,是作为人的存在形态与生活样式的"群体"问题。所谓"社会",不过是对"群体"的一种学术表达而已。

社会学:研究群体的学问

大多数人可能不会将"社会学"与"群体"这两个词联系在一起。很多人还对社会学充满好奇与想象。比如,大家可能会问:社会学是不是研究诸如当年马加爵这类"反社会人格现象"的学问?是不是研究同性恋群体等社会边缘群体?是不是研究诸如留守儿童、农民工或者失独家庭这类严峻的社会问题?又或者,社会学是不是专门研究婚姻、情感?……我想告诉大家的是,以上这些,当然都属于社会学研究的范畴,但是它们无法构成社会学的本质。

我喜欢用八个字来概括社会学的问题意识,那就是"生而为人，何以成群"。"群体"为什么会成为社会学的研究对象呢？在回答这个问题之前，我们先要澄清一下"社会"这个词的意思。

在我们日常的口语语境中，"社会"这个词的含义其实既抽象又暧昧，甚至很多时候还不那么友好。比如，很多人或许都听过长辈这样的教诲："好好珍惜校园生活吧，以后走上社会就没那么单纯了。"再如，你也一定听到过这样的流行语："哥不是社会人，但哥社会上有人。"在大多数人眼中，"社会"似乎很复杂，充满了陷阱。那么，大多数人的这种理解对不对呢？究竟什么是"社会"呢？社会和群体又是什么样的关系呢？

其实，"社会"这个词没有这么高深玄奥。所谓"社"，在古汉语中就是指祭祀某地土地神的场所；而"会"则更简单，就是指人的聚集。因此，"社""会"合在一起的字面意思就是人们在祭祀地方土地神时聚集在了一起。在中文语境下，北宋大儒程颐较早使用"社会"一词，他说："乡民为社会，为立科条，旌别善恶，使有劝有耻。"（《二程集·伊川先生文七》）这段话是在说：普通老百姓形成的群体就是社会，这个群体是有大家共同遵守的原则和纪律的，所以这些原则和纪律实际上是作为这个社会的默认值存在的；这些原则和纪律可以使群体中的人具备基本的善恶是非观念，从而形成道德约束。由此，当社会学（Sociology）这一学科在19世纪末西学东渐的背景下传到中国时，严复先生直接将"社会学"翻译成了"群学"。严复先生认为，设立群学的目的，就是"用科学之律令，察民群之变端，以明既往、测方来"[1]。简单来说，"社会学"就是"群学"。群学的研究对象就是群体，它的任务是考察群体的类型、特征、运行、历史等，而它最关心的问题，实际上就是各种类型的群体到底是怎么形成的，各自又有着什么样的特点。

群体：现代社会的默认值

群体有很多种类型，小到家庭，大到国家，甚至文明，都是某种群体的存在形态。因此，婚姻、家庭、单位、社区、部落、国家等不同类型的群体形态，都是社会学的研究对象。不同类型的群体所遵循的规则也不一样，比如，现代国家依靠法律完成治理，宗教团体依靠各自的信仰体系和教会系统。不仅如此，即便是同一类型的群体，在不同历史时期也有着不同的组织原则。比如，在传统时代，无论是中国还是西方国家，婚姻的核心价值就是"传宗接代"，但在现代世界，基于个人平等而产生的"爱情"被认定是婚姻的必需要素。正是因为某种

---

[1] 严复：《译群学肄言序》，载［英］赫伯特·斯宾塞：《群学肄言》，严复译，商务印书馆1981年版。

群体的形成一定是基于某种价值理念，因此，平等、自由、独立等现代文明的普遍价值也属于"群学"的研究对象。然而，只有价值观念根本不足以保证群体的存续，因此，职业与分工、劳动与财产等关乎个体与群体生计的重要问题也是群学的研究对象，更何况，依据职业而区分出的群体更是在现代人的生活世界中占据着重要位置。除此之外，群体还需要秩序，否则最终一定会进入著名思想家霍布斯所说的"一切人反对一切人的战争状态"。因此，政治与宗教也是我们研究群体这个课题时一定要面对的问题。

这样看来，所谓群学，或者说社会学，难道不是一门无所不包的学问吗？这种说法也并非错误，因为社会学是关于群体的学问，它的基本问题意识是各种类型的群体秩序究竟何以可能。

"社会学"的诞生：现代世界中"社会"与群体的巨变

其实还有一个问题我们没有讲清楚，那就是，人类自从诞生的那一天起，就是群居性动物，群体就已经存在，那为什么关于群体的学问，直到现代世界来临时才出现呢？或者说，现代社会中的群体有什么特殊性，使得必须出现一个专门的学科来研究它呢？

在"现代"来临之前的漫长人类文明史中，无论朝代如何变更、技术如何发展，群体的变化都是非常微小的，甚至可以说，群体的变化可以忽略不计。人们的家庭生活、公共生活，几乎不受周遭变化的影响。婚丧嫁娶、出仕入仕，人们该怎么生活还是怎么生活。受到技术与交通的限制，身处传统社会的人们，整日的生活中只能接触到很有限的人群，群体的形态相对单一，秩序相对简单，同时群体与群体之间的交往也并不密切。

直到"现代"来临，我们才发现自己身处的社会和以前不一样了。传统时代对集体价值和超验的宗教信仰的强调开始减弱，而个体的价值被前所未有地强调。工业革命与商业的发展塑造了个体欲望和价值并促使它们无限伸张，政治革命与宗教改革确认了个体价值与权利的正当性。婚姻无须再门当户对，工作也无须再子承父业，政治再也不是上层人独有的特权。平等、自由、独立，这些现代文明的价值理念带给现代人无限的可能性，个体越来越变成超越于群体的存在，其地位变得前所未有地重要。

但是，这只是现代社会的一面。它的另一面是，人与人之间的联系前所未有地紧密，换言之，现代人越来越无法离开

009

其他人，也无法离开群体。因为在传统的自然经济时代，每个家庭都可以不依靠别人，自给自足地活下去。但是当"现代"来临之时，这一切都不一样了。现代社会在不断弘扬独立、平等、自由等个人主义价值的同时，也使个体陷入了需要与他人彼此依存才能生存的处境中：自然科学的发展和工业革命的发生使人类获得了前所未有的生产能力，并由此产生了大量的"劳动剩余"；工业革命带来的机器化批量生产加上地理大发现和大航海时代所带来的世界贸易体系，使人类社会的交换与贸易从过去的部落范围扩展到了文明范畴，人类通过这样的方式，越发地联结成了一个彼此依存的系统。

在"个人主义"拥有着前所未有的重要地位的历史时刻，现代人并没有意识到的问题是："我"前所未有地独立，却也前所未有地离不开"别人"；你可以不喜欢你的工作，但是别人的生活却离不开你的工作，同样，你的生活也离不开别人的工作。无论是外卖、快递这样的体力劳动，还是代码编程这样的脑力劳动，都在真实决定着你的生存状态。现代社会像是一个高速运转的精密机器，每个人都是其中一个必不可少的零件。于是一个悖论出现了：坚信独立、自由、平等这些个人至上价值理念的现代人在憧憬着"个体的无限可能"的同时，却不得不接受由各种各样的群体所组成的庞大的社会系统的存在。同时，既然是群体，无论它是家庭还是社区，抑或是企业、国家，都需要秩序、规则与制度。不仅如此，群体内部也会产生无法被肉眼观察到的情绪甚至压力，比如，我们在开头提到的"内卷"以及"网络键盘侠"的群体狂欢，甚至连"双十一"等种种电商平台所制造的购物狂欢的"节日"，都会衍生出从众的压力——从"今天，你买了吗"开始，"今天，你××了吗"成为当下人们常用的一种流行句式。仔细想想，这个句式的存在本身，不就说明了群体向个体施加了无形的影响吗？

由此我们可以看到，在现代社会，个人地位变得重要的同时，社会的地位并没有因此被削弱。从根本上来说，人也无法脱离社会和群体存在。于是，社会与个体之间的紧张凸显，社会现实又对每个自由的个体都产生着"限制"。"紧张"成为现代人恒常的状态。

这种崭新的社会秩序，以及这种全面的、深刻的"紧张"，是人类从未有过的体验。为了解决紧张的现代人如何面对旧秩序和构建新社会这个"元问题"，社会学应运而生。而当"社会学"这个词被翻译成中文的时候，严复先生又极具洞察力地以"群学"这个语词加以表达——因此，对"群体"的研究，才是社会学的本来面目。

社会：个体的生存域与意志的催化剂

行文至此，或许你还是会有下述两个方面的困惑：一方面，我们都说现代社会是一个"个体至上"的社会，那在一个个体至上的社会中，群体还有存在的必要吗？另一方面，在前面我们讲了如此之多的现代性所带来的结构性紧张，那么，它们真实存在吗？它们都是来源于"群体"吗？这种对现代社会的刻画，是不是有点儿"为赋新词强说愁"的意味呢？就算是有，但这些"现代性的紧张"，和"我"又有什么关系呢？

我们不妨按照倒叙的方式，先从第二个问题开始回答。

我的回答是：这当然和你有关。我说几个例子你就明白了。

你有着自己的兴趣爱好，并且以这个兴趣爱好作为职业梦想，但是否曾在理想与生计之间摇摆不定，"钱多、活儿少、离家近"是不是理想的职业选择呢？而当你步入职场之后，又是否会被"996""007""内卷"等加班文化折磨得体无完肤？

你对爱情有着美好的向往，觉得爱情是两个人的事，而婚姻是爱情的自然结果。但是你是否曾感受到被催婚的压力，又是否产生过"找个差不多的得了"的想法呢？婚姻究竟是爱情的归宿还是坟墓？

你初尝为人父母的喜悦，只希望孩子可以无忧无虑，平安快乐，但你是否也会为"不要让孩子输在起跑线上"而焦虑，也同时因为各种"兴趣班"和"学区房"而紧张?

你自认是个有正义感、有同理心,同时又有着理性思考能力的现代人,但你是否也曾被汹涌的网络舆情所感染,无形之中成了"不明真相的吃瓜群众"的一员,甚至也曾经在"反转"来临之前就凭借着自己的朴素正义感加入了"网络键盘侠"的大军?

你是否厌倦了形式化的社交活动,希望可以独处,不希望被人打扰,但又在内心深处害怕孤独,渴望被理解与拥抱?

这些紧张与焦虑,我们每个人都曾或多或少有所体会。当单身青年的父母们问出"啥时候结婚",我们的老板们问出"能不能'996'",我们的伴侣问出"你到底爱不爱我"时,我们才发现自己身上有着太多说不清、剪不断的羁绊。

实际上,这些说不清、剪不断的羁绊就是"社会"。

我们日常感受到的"紧张"、"矛盾"与"纠结",就是现代性所带来的:它既允诺我们可以自由地伸张自己的意志和欲望,又塑造了现代社会生活的种种规范,形成了各种群体,赋予我们种种角色,而这些规范与角色又处处限制着个体自由意志的表达与伸张。于是,人们一直处在"患得患失"的紧张状态,正如卢梭所说:"人生而自由,却又无往不在枷锁之中。"

我举出这些例子就是想告诉你,社会学就是关乎这些"日常"的学问,更是关于群体的学问,它能够帮助我们解释这些

"现代性的紧张",帮助我们理解自身的生活世界。而你现在看到的这本书,就是对上面这些问题做出的系统性的回应。但是,不同于一般的学术书和教科书,我的目的,并不是要照本宣科地讲解群体的定义、类型、特点,而是直面每个人的生活世界,用"社会学的想象力"穿透生活的迷雾,解析那些日常焦虑背后的群体逻辑。

回答完第二个问题,我们再来看一看最根本的问题:在一个个人主义盛行,个体价值被无限推崇,甚至可以说是"个体至上"的时代,个体还需要"群体"吗?

这个问题的答案毫无疑问是肯定的,因为群体状态是现代人的基本生存域。就像我们前面所讲到的,现代文明的一个核心特征就是按照系统化的方式重新塑造了人类社会的团结方式。相比于前现代,现代人前所未有地同"他者"产生着不可分割的联系。可以说,你所有的日常生活用品,几乎都来自其他人的工作;而同样地,你的工作和职业,也在潜移默化中为他人的正常生存提供着某种必需品。现代文明中的每个人,就如同自动运转的庞大机器上的一个齿轮一样,虽然看上去微不足道,但在现实中不可或缺。

不仅如此,群体还是现代人意志(will)的催化剂。我们需要知道的是,尽管个人主义盛行,但这并不意味着作为物种的人类就失去了共同性与普遍性。国家没有消亡,甚至民族主义思潮在世界范围内广泛流行，这些实际上都是某种集体意志的具体呈现。因此，群体还为现代人各种各样的价值观念、宗教信仰以及意识形态的形成提供着重要的催化剂。

无论是生存域还是意志的催化剂，现代群体依然还是现代人存活于世的"基本盘"。它确实会给你带来"结构性紧张"，但你永远无法将它弃置不顾。作为现代人的你，当然是自由、平等和独立的，但你也应该知道，现代人的所有人生困扰，都并非个例，而是公共议题的一部分；你更应该知道，现代人处在逃无可逃的群体生活之中，你可以特立独行，却不能也不该活成一座孤岛。

延伸阅读

［英］赫伯特·斯宾塞：《群学肄言》，严复译，商务印书馆1981年版。

［法］雷蒙·阿隆：《社会学主要思潮》，葛秉宁译，上海译文出版社2015年版。

孙立平、应星、吕新萍：《社会学导论（第五版）》，首都经济贸易大学出版社2020年版。

现代人的特征

02
自由与平等：现代社会为什么需要同一的价值基础？

02 自由与平等：现代社会为什么需要同一的价值基础？

自从人类迈入"现代"这个历史时刻之后，自由与平等似乎已经成为现代社会不言自明的默认值，也成为所有现代人文社会科学研究的价值起点。此外，我们还会发现，在现代世界中，无论国家的价值观念与政治制度有着何种差异，每个现代国家都会将自由与平等作为自身的正当性基础，将"法律面前人人平等""保证每个公民享有平等的受教育的权利""宗教信仰自由""人身自由不受侵犯"等价值作为对现代公民的承诺。

其实，作为现代人的我们，早已经在日常生活中接受了这些"默认值"，以致我们很少真正去仔细琢磨"自由"与"平等"这两个词在我们生活世界中的真实含义。实际上，它们一方面是现代社会得以形成的价值根基；另一方面也是现代人逃无可逃的终极魅惑。没有它们，就没有我们身处的现代社会；而恰恰是它们，构成了现代人普遍紧张与焦虑的根源。为什么会这样？换言之，自由与平等这么美好的东西，怎么会造成我们的紧张呢？其实，如果按照最通俗的理解来看待这两个词，你会发现它们之间已经构成了某种张力关系——我们都知道，自由这一价值的一种直观体现就是市场意义上的自由竞争，而自由竞争意味着在生产场域中每个人都要充分发挥自身的创造性与自由意志从而获取更多的利润与财富，而这样的一种自由竞争一定会带来贫富差异，进而造成所谓的分配与收入的不平等，长远来看，还会在代际之间造成更大的不平等。如果是这样，那么"平等"和"自由"不就成了一对互相矛盾的概念吗？这到底该如何理解？在我们从学理上展开之前，我们不妨先从生活世界中的常见现象入手，来看看它们都是如何塑造紧张的。

"优质偶像"谷爱凌：她到底是不是普通人？

在 2022 年北京冬奥会上，"元气女孩"谷爱凌横空出世。这个中美混血的雪上项目运动员，不仅以两金一银的成绩为中国代表团取得冬奥会历史最佳战绩立下汗马功劳，更是由于她自身素质的全面性受到大众追捧，成为全民优质偶像。一时间，"无死角偶像""学霸型运动员"等标签开始贴在了"谷爱凌"三个字上，而类似《谷爱凌究竟是如何炼成的》《从谷爱

02 自由与平等：现代社会为什么需要同一的价值基础？

凌看家庭教育的重要性》之类的公众号文章一时间刷屏了朋友圈，被视为榜样的谷爱凌，似乎已经成了"别人家的孩子"。

然而与此同时，也出现了不同的声音。例如，有人开始质疑在美国出生和长大的谷爱凌的身份认同问题。"谷爱凌究竟是不是一个投机主义者"以及"谷爱凌究竟是哪国人"这样的问题开始见诸网络。随着网络热度的不断提升，大家的讨论越发集中到"谷爱凌到底是不是个普通人"这样的问题上。在我看来，这恰恰是一个现代人所面对的、关乎自由与平等议题的本质性问题。

一方面，如果认为谷爱凌是个普通人，那实际上隐含的话外音是，谷爱凌和我们每个普通人一样，从作为现代人的角度来看，大家都是平等的，正因为每个现代人都是平等的，所以每个人都可以在社会生活和成长历程中充分施展自身的自由意志，成为自己想成为的人。另一方面，还有一种声音认为，谷爱凌根本不是什么"普通人"，他们会说，不信你去看看谷爱凌的妈妈，人家妈妈是北大毕业的，后来去美国又读了斯坦福的MBA，这哪里是寻常百姓？谷爱凌在美国长大，在接受着西方式的偏向于"个性"的教育的同时，每年还会回到中国上补习班，来锤炼自己的应试能力，普通人能有这样的条件吗？所以，这种论调所隐含的话外音是，人与人生来就是不平等的。

那么，谷爱凌究竟是不是普通人呢？出身工薪家庭，从小

023

玩儿泥巴长大的普通人，和"谷爱凌（们）"之间，又是不是平等的呢？如果是，那为什么差距这么大？如果不是，那以平等和自由为基础价值的现代社会，又如何才能实现平等？当然，笔者无意在本书中讨论"谷爱凌究竟是不是普通人"这样的个案问题，而是尝试以此为线索，讨论现代社会中的一个核心问题：平等与自由究竟是什么？进而，我们还要讨论的问题是，既然平等与自由是现代社会的价值根基，也是现代社会对我们的承诺，那么，这个承诺容易兑现吗？此外，还有一个根本性的问题需要我们来面对：无论是平等还是自由，都是以"个人""个体""个性"为主导的"个人主义"的内核，换言之，在一个个人至上的时代，作为社会群体而存在的人类还是否需要同一的价值基础？

魅惑：平等与自由为什么总是可望而不可即？

在上文中，笔者曾经说过，平等与自由是现代人逃无可逃的终极魅惑。所谓"魅惑"，其实是一个中性词，用最直白的话说，就是大家都觉得它是一个值得追求的好东西，也一直都在追求它，但是在现实中却总是感到无论怎样努力，它都无法最终实现。仔细想想，我们不正是深陷此种处境无法自拔吗？

02 自由与平等：现代社会为什么需要同一的价值基础？

实际上，"平等"这个概念在现实中不仅很难理解，也很难实现。我们长大之后会明白一个道理，即人生来就是不平等的。卢梭有一本很有名的书，叫作《论人类不平等的起源和基础》。在现实的生活世界中，人与人之间有着太多先赋性差异。比如，你出生在一个偏远山区，上的是乡村小学，成年后变成了一个"小镇青年"；而另一个人呢，他出生在东部沿海大城市，可能还是个富二代，上的是美国常青藤名校，成年后成了企业高管。在我们日常的认知中，这是平等的吗？类似的"不平等"的例子在我们的生活中是不是比比皆是？

"自由"这个概念在现实生活中的命运也并没有好太多。现今，很多人经常会在网络上围绕各种热搜事件表达看法，甚至通过"人肉"等方式"惩恶扬善"，不惜让人"社会性死亡"。然而，一旦事情出现反转或者"真相"浮现，又会有多少人对自己在不明真相的情况下所发表的观点有所反思呢？也许你会说，表达我的看法和观点是我的自由。但是，这就是"自由"的本来含义吗？不只如此，在我们从小到大的成长过程中，总是希望可以"做自己"，可以自由自在地成长，不为外界所干扰和左右，但是又有多少人能真正实现这一点呢？在我们的现实生活中，我们总能感受到自己的"自由"遭受了压制。比如，追求爱情的年轻人却感受到了催婚的压力。再如，在"996"系统"内卷"下的打工人越发感觉失去了"自我"和

"自由"。所以，卢梭还讲过这样一句话："人生而自由，却又无往不在枷锁之中。"

如果要理解平等与自由这个终极魅惑，我们首先要回到概念的本来含义中去。

平等与自由：思想史中的本来含义

实际上，如果我们回到平等与自由的本来含义中去看的话，那么小镇青年与富二代在原生家庭上的差异与鸿沟，并不能与"不平等"画上等号。因为所谓平等，其本来含义并不是"别人有什么我也必须有什么"。英国著名启蒙思想家、被誉为现代资产阶级政治理论奠基人之一的约翰·洛克（John Locke）有一本非常有名的书，叫《政府论》。尽管这本书讨论的是现代政府的理想形态，但其本质却是围绕"现代社会构造"这一命题展开的，而"平等"与"自由"正是其核心概念。在洛克看来，所谓平等，是指人作为上帝的造物，每个人从出生开始就具有同等的权利（right）。具体地说，就是每个人都有同样的权利来使用上帝所赐予我们的自然资源，以此实现自我保存与种族延续。洛克的这一定义之所以重要，是因为它直接将君权神授的传统理念颠倒过来，奠定了"权利在民"

02 自由与平等：现代社会为什么需要同一的价值基础？

这一现代社会的基本立场，而"平等"又是权利在民的重要原则。简单来说，所谓平等，是指"资格平等"，即作为"现代人"的资格平等，而非结果平均。有了这样的认识，我们就会发现，"平等"显然不是在说你出生在亿万富翁的家庭，那我也必须出生在这样的家庭。因为我们没有办法选择自己出生的家庭环境，也决定不了自己身体的基因序列，这就好像有些人怎么吃都不胖，而有些人喝凉水都长肉，人与人之间的这种差异性是无论如何都无法避免的。这就是我们必须认识到的第一点，平等不等于平均。所以，洛克所奠定的平等概念是一个权利平等的概念，而非一个结果同质的概念。它保障的，是无论你出生在何种家庭、相貌美丑、智商高低，你都有同样的生存权利、接受教育并受法律保护的权利。这是平等的本源初心。平等，其本质上是"生而为人"的现代社会的最低保障线。

与平等概念一样，自由概念在当前的发展也极大地背离了它的本来含义。还是洛克，他告诉我们，现代文明规定了人的平等地位和权利，现代人都有使用自然界赐予资源的权利，而这个使用自然界赐予资源的过程，就是"自由"的本来含义。乍看上去，这样的定义有点儿令人费解，这是什么意思呢？洛克认为，当人类开始使用自然界赐予的资源来维系生存的时候，这一过程就是劳动的过程，而在这样的过程中，每个个体都可以充分实现自由意志，同时也可以按照自己的意愿来支配自己的身体，从而实现生存，进而达成所谓的"自我实现"。例如，同样是面对着一堆木头，我用这堆木材做出了桌子，而你做出了椅子，为什么会有这样的差异呢？就是因为我们生而自由，我们有着内在于己的自由意志。由此，平等与自由，共同成为洛克自然法理论中的最内核要素。

然而，作为思想家的洛克并没有那么理想主义，作为霍布斯思想的重要接续者，他清醒地认识到，这样的"自由意志"很容易使社会进入战争状态，因为一旦人口增多而资源有限，那么每个人都有可能打着实现自己自由的旗号而侵害其他人的生存权利，因此，自由应该是"有节制的自由""有纪律的自由"，不能因为"自由"而侵害每个现代人的天然的"平等"的权利——生存权。所以，自由就是我们现代人的强心剂，它让我们相信那个遥远的未来和有待实现的"自我"，并不断为之努力，但是与此同时，我们不要忘记，自由不是"我想干什么就干什么"，节制是自由概念的必备要素。

生活世界：机会平等与节制自由

讲完了平等与自由的本来含义，接下来我们来看一看这些美好的理念在现实社会中的状态。在我们日常的生活世界

02 自由与平等：现代社会为什么需要同一的价值基础？

中，理念上的"人人平等"演变成了各种制度安排，同时将"平等"变成了"机会平等"。机会平等是一种形式上的起点平等。比如，当资源稀缺而需求者众多的时候，现代社会就更需要发明一整套机会平等的制度，来使稀缺资源在分配的过程中不造成社会冲突与裂解。今天普遍存在于大城市生活中的摇号制度便是其中的典型。买车需要摇号，买热门楼盘需要摇号，子女入学也需要摇号，每个参与摇号的人都要具备同等的条件，原则上也具备同等的机会。但是，机会平等只是平等这一价值基础在现实社会生活中的一种衍生物，其本质是一种形式平等，其目的是在资源分配的时候确保每个人在"可能性"上的同等权利。平等的本义许诺了人之为人的基本权利，由此衍生出来的机会平等则旨在给社会成员提供更为均等的"可能性"。实际上，无论何种制度形态的国家，今天都对教育问题高度重视，其中一个重要的原因就在于，现代国家将教育视作弥合人与人出身差异的关键机制，也就是实现平等这一现代理念的重要机制。

今天的人普遍生活在这样机会平等与形式平等的社会中，然而现实常常让人感到残酷，因为在现实生活中，人们忘记了机会平等只是一种理论上的起点平等，而非一切现实生活中的"结果平均"。为什么这么说呢？原因很简单，小到几十万人的城市，大到十几亿人口的国家，实际上都无法在现实社会中彻底做到完全的"平等"。比如，我们不可能要求所有的中小学都有一样的师资水平，但我们应该确保每个人都有接受教育的机会；我们也不可能要求所有的医院都有同样的医疗条件，但我们应该保障每个公民在生病时获得救治的权利。今天的我们，经常期盼着前者，而忘记了后者才是平等的本义。这种客观现实中对平等本义的遗忘，是我们紧张焦虑的来源。每个家长都会说，不能让孩子输在起跑线上，我们把海淀的学区房、高价的培训班当作平等的标志，却忘记了，这条起跑线早已偏离了平等的真正起点。平等给我们的魅惑，既来自现实的客观条件，更来自我们对平等本义的遗忘。

同样地，"自由"在现实社会生活中变得极其重要，因为它的存在，给了现代个体无限的可能性——它告诉我们，要遵从本心发表言论，要按照兴趣选择职业，要依循爱情选择婚姻，要不负自己，选择人生，这也就有了我们今天熟悉的"言论自由"、"恋爱自由"以及"职业自由"等；这些自由的实现，彰显着个体的自由意志，也被视为创造性和技术进步的重要原动力。然而，霍布斯告诉我们，正因为趋利避害是人类的本性，所以，如果对个体自由不加限制，那么人与人之间将很容易变成狼与狼的关系。因此，人与人之间除了结成群体，还要形成秩序，这也就有了制度、规范与规则；而现代社会秩序的突出特点便是，保障个体的权利平等，限制个体的无限自由。这种

02 自由与平等：现代社会为什么需要同一的价值基础？

对个体无限自由的限制，首先来自法律与道德。现代文明的进步之处，恰恰在于给"自由"这种价值以现实的制度约束，这样才使现代社会不至于落入残酷的丛林法则之中。因此，现代人的自由，其本质不是个体意志的无限伸张，而是一种"节制"的自由。就像柏拉图告诉我们的那样：节制是一种美德。

打个不恰当的比方，平等与自由作为现代社会的价值根基，很像是"带刺的玫瑰"：一方面，它们非常美好，以至人人皆向往；另一方面，它们又时常给我们造成焦虑与紧张，因为在追求它们的过程中，往往充满着不平等与不自由的体验。在本书导论中我们提到过，社会是由人与人组成的，而人与人组成的最基本形态，就是群体。实际上，如果我们仔细分析平等与自由的问题就会发现，它们所造成的现代性紧张，其实很大程度上来自"社会"。比如，一个坚持要"嫁给爱情"的人，为什么也会感到来自家人和朋友"催婚"的烦恼呢？为什么也容易感受到焦虑而觉得自己的"自由"受到压抑了呢？

原因很简单，社会学家库利（Charles Horton Cooley）曾经指出，人是社会性动物，也是群居动物，这意味着每个人都是通过别人来认识自我的，这就是社会学中的"镜中我"理论。[1] 用

---

1 [美]查尔斯·霍顿·库利：《人类本性与社会秩序》，包凡一、王源译，华夏出版社1999年版，第129—131页。

我国著名社会学家费孝通先生的话说，就是"我看人看我"。[1]我们仔细想想，其实每个人都是通过别人对自己的认识来判断自我的。如此一来，社会成员中大多数人的选择会成为一种风俗、一种惯例乃至一种普遍状态。大多数人到了30岁就会成家立业，结婚生子，你身边的很多人，你的父母、朋友、同学大部分都是如此。而你，和他们都不一样，这本身就会产生无形的压力。你的生活与这些压力相遇的时刻，正是现代社会承诺的"无限可能性"遭遇桎梏的时刻，也是紧张产生的时刻。

独立：现代性紧张的舒缓剂

那么，我们为什么还要组成群体呢？除此之外，一个将"个人发展"和"个性自由"放在至高位置的现代人，在组成群体的时候，为什么一定还需要将平等与自由作为同一的价值根基呢？

首先，现代社会的一个核心特征就是人与人之间通过职业上的相互协作完成生产以维系生存；其次，人与人还要组成家庭以实现物种延续；再次，在漫长的历史中，居住于不同地理

---

[1] 费孝通：《我看人看我》，《读书》1983年第3期，第99—103页。

02 自由与平等：现代社会为什么需要同一的价值基础？

空间中的人类还形成了各自的文化、宗教以及国家。因此，无论从何种角度看，社会都会持续下去。实际上，生活在现代文明之下，我们生命历程的每一阶段，都因为平等这一基础理念的存在而具有了"人之为人"的尊严，同时也都因为自由这一现代价值的存在而有了更多的选择权和可能性。这还都只是就个体而言。从群体层面上看，如果没有平等的基础理念，那么整个社会将会彻底变成一个弱肉强食的森林——因为我们心底将会存在着人与人之间的鄙视链；如果没有"节制的自由"，那社会秩序也将陷入一切人反对一切人的战争状态；不仅如此，如果缺少了"自由"这剂强心剂，创新与变革也将不复存在。所以，这是我们逃无可逃的终极魅惑。讲到这里，大家自然会问：那我们怎么办？实际上，现代人在焦虑的社会生活中，已经忘记一个最重要的现代价值——独立。

独立是现代人最重要的品质，它意味着我们能长成可以自主选择并为自己的选择负责的人。当然，无论是自主选择还是对自己负责，都需要建立在马克斯·韦伯（Max Weber）提出的理智与清明的前提之上。理智与清明就是对自己的生活以及自己身处的时代有着清醒而理智的认识。其中就包括认识到平等的有限，认识到自由的节制，认识到尽管现代社会允诺了我们无限的可能，但具体到每个个体终究还是有限的。社会学是关于群体的学问，那么如果按照社会学的逻辑推演下去，这种独立的价值，会不会衍生出"沉默的大多数"这类的非意图后果呢？

其实这并不必然，因为独立并不等于面对不公平时三缄其口，也不等于主动放弃自己的理想。独立这一现代价值的意义，就在于当你感到不平等的时候，先想一想平等的本来含义；当你想充分施展自己的言论自由时，先想一想自己在键盘上敲下的那些情绪性观点，真的是你了解事情全貌后的判断吗？你实现自己所谓自由的时候，会不会造成他人的社会性死亡？真正的平等，是我们不会从心底瞧不起那些骑手小哥和满身尘土的建筑工人，而不是"凭什么他有那么好的家学背景而我没有"的怨天尤人！真正的自由，是知道自己行为的后果以及这些后果对他人的影响，而不是"你凭什么管我"的暴戾之气。而这些，都需要独立的理智与清明。

群体是人与人的联结，社会是群体的总称。平等和自由，则是现代人相互联结的基础。它们之所以成为魅惑，不是它们本身的错，而是因为现代人在这条通往无限可能的路上，走得太久太远，以致忘记了它们的本源初心，这些遗忘，很大程度上塑造了我们今天无处安放的"紧张"。真正的自由和平等，不是取得那些缥缈的"成功"和实现遥远的"自我"，而是在真实的生活中认识到自己的有限性，学会尊重他人，以及对自己负责。你要知道，绝对的平等和绝对的自由永远无法实现，但是现代人的宿命,便是不断地去追寻这个魅惑,并在这个过程中,学会与它相处,学会与他人联结成真实的人类共同体。

延伸阅读

[英]约翰·洛克:《政府论》(上篇),叶启芳、瞿菊农译,商务印书馆1982年版。

[英]约翰·洛克:《政府论》(下篇),叶启芳、瞿菊农译,商务印书馆1964年版。

[美]查尔斯·霍顿·库利:《人类本性与社会秩序》,包凡一、王源译,华夏出版社1999年版。

[法]卢梭:《论人类不平等的起源和基础》,李常山译,商务印书馆1997年版。

03
财产与劳动:"视财如命"为什么是现代社会的群体特征?

03 财产与劳动:"视财如命"为什么是现代社会的群体特征?

当我们谈到"现代社会"的时候,会想到什么?"市场""契约""法律""技术""资本"是人们理解现代社会的关键词。一般认为,所谓从传统到现代的过程,也是从"君权神授"到"主权在民"的过程,从"自然经济"到"市场经济"的过程,同时还是整个人类文明财富飞速增长的过程。既然现代文明的普遍历史进程乃是由作为物种和群体而存在的人类共同塑造的,那么,现代人究竟又有着怎样的群体特征,才可以为"经济""财富"这些前现代社会并不起眼儿的词语赋予重大的现代意义?

如果上面这段话的表述过于学术的话,那么我们不妨从日常生活的经验出发,来体会一下现代社会中的劳动与财产问题所带来的焦虑与紧张。劳动和财产,说白了就是工作和挣钱,这是我们每个人日常生活的主题。在高考填报志愿时大多数人考虑的不是专业兴趣,而是"哪个专业更好就业";漂泊在北上广的青年们也常常陷入"理想"与"面包"之间的纠结，在"996"的人生状态中透支着生命，为的只是一所"不动产"……如果说年龄是衡量人生命长度的尺度，那么财产似乎成了衡量人生命质量的尺度。对于大多数人来说，劳动成了取得财产最主要的途径之一，而财产又成了现代美好生活的重要基石。我们有句古话，叫"人为财死，鸟为食亡"，鲜活地刻画了人类这一物种的贪婪本性。无论是哲学文本还是文学作品，古今中外都不缺少围绕利益与道义所展开的讨论。同样地，几乎所有的宗教都在告诫人们要戒断贪婪，要节制欲望，但是身处于现代文明中的我们，却围绕着财富展开了毕生的追逐，并以此为荣。这究竟是为什么？

富兰克林的遗留问题：生命与财产真的同等重要？

德国社会学家马克斯·韦伯在其名著《新教伦理与资本主义精神》中，大量引用富兰克林在其自传中对财富的论述，以此呈现当西方文明率先步入"现代资本主义"的历史时刻之时，人类所爆发出来的对金钱和利润的前所未有的极度渴望。我们不妨来重温一下富兰克林的下述经典名言：

03 财产与劳动:"视财如命"为什么是现代社会的群体特征?

　　切记,时间就是金钱。假如一个人凭自己的劳动一天能挣10先令,那么,如果他这天外出游荡或闲坐半天,即使只花了6便士用于消遣或坐食,也不能认为这就是他的全部花费;他其实花掉了,或者说是白扔了另外5个先令。

…………

　　切记,金钱可以再生增值。钱能生钱,生出的钱又可再生,如此生生不已。5先令可以周转变成6先令,再周转成7先令3便士,如此周转下去直到变成100英镑。钱越多,每次周转再生的钱也就越多,收益也就增长得越来越快。谁若把一口下崽的母猪杀了,实际上就是毁了它的一千代。谁若是糟蹋了一个5先令的硬币,实际上就是毁了所有它本可生出的钱,很可能是数不清的英镑。[1]

你可能不会想到,作为美国开国元勋之一,同时又集政治家、物理学家、印刷商、作家等标签于一身的富兰克林,竟然如此重视钱财,甚至达到了"视财如命"的地步。这又该作何理解?也许你会说,这有什么可好奇的,财富多少本身就是

---

1 [德]马克斯·韦伯:《新教伦理与资本主义精神》,阎克文译,上海人民出版社2018年版,第217页。

衡量现代人"成功"的重要标准。需要指出的是，财富固然是"赢家"（winner）抑或"败者"（loser）的重要标准，但这只是现代文明运转的结果。在现代来临之前，无论是东方还是西方，它们所衍生的宗教系统或价值观念对经济、商业以及财富的态度都是谨慎甚至拒斥的。简单来说，宗教信仰与文化价值都是在和人性恶的部分相对抗，而围绕利润和金钱的竞逐则会被视作虚荣、贪婪等的体现。但是，现代的来临最大程度地逆转了上述状况，而这种逆转不只停留在个人层面，甚至在更为宏观的层面——几乎每一个现代国家都会将"保护人民生命财产安全"写入自己的宪法。为什么会这样？难道现代人对"财产"的痴迷已经到了和生命同等重要的地步了吗？进而，一个理解现代文明起源的重要问题也就浮现出来了，即这样一种从拒斥财富到追逐财富的现代过程，究竟是怎样完成的？进而，对财富和经济利益毫无正当性负担的追求，究竟是如何成为现代群体的普遍特征的？

马克思的遗留问题：劳动为什么是人的本质属性？

在对上述问题展开回答之前，我们先来看一看上一个问题的"衍生问题"，即"劳动"。现代人重视财产，而要想获

03 财产与劳动："视财如命"为什么是现代社会的群体特征？

得财产，我们就必须劳动，因为在现代人看来，只有经过劳动合法获取的财产才具有正当性，这些都是现代社会的"默认值"，也是在现代文明中通行的道理。然而，道理总是冷冰冰的，甚至是有点儿残酷的，因为"懒惰"其实是人本性中的重要部分。如果一个人可以不劳而获同时又不触犯法律，那么他大概率会乐享其成。这样一种"道理"和"本性"之间的张力就带来了另一个严肃的问题。我们都知道，在卡尔·马克思看来，劳动是人类的本质属性，也是人类的本质活动。这一经典论述在人之为人的道义正当性上毫无问题，但是如果细究起来，我们就会发现马克思的论述在日常生活的经验层面是有悖人性的——为什么不是"休闲"而是"劳动"构成了人的本质属性呢？当下的现代人，动辄将"财务自由""有钱有闲"作为人生理想，这与马克思的经典论断难道不存在矛盾吗？

赵本山和小沈阳在 2009 年春节联欢晚会上表演过的一个小品里面有这样两句台词："人生最痛苦的事是，人死了，钱没花了。""人生最最痛苦的事是，人活着呢，钱没了。"也许大家会想：这两种状态究竟哪种更痛苦？我想跟大家说的是，在这个"灵魂拷问"的背后，其实是财富和生命哪个更重要的问题。

在过去的 5 年内，"内卷"这个词成了网络流行语，年轻人要么被"996"的加班掏空了身体，要么变成了被困在系统内的"打工人"。殊不知，"内卷"这个词的发明者实际上是美国著名人类学家格尔茨，他在研究东南亚水稻种植业时用它来概括"边际效益递减"这一现象。以水稻种植为例，所谓"内卷"，就是指在耕作制度、种植技术以及耕作面积不变的情况下，单纯往单位耕地面积上投入更多的劳动力当然会在一段时间内提升产量，但是当投入的劳动力增加到一定程度时，产量的增加就会趋缓。这就是"内卷"，我们也可以理解为"没有发展的增长"——这也正是今天各行各业普遍出现的情况。试想一下，处在职业"内卷"之下的大多数人，难道会从内心认同"劳动是人的本质属性"这句话吗？那么，马克思的论断错了吗？劳动是人的本质属性，通过劳动获得的财产和生命同等重要，这一看上去充满着正当性的逻辑，背后难道不是在说"为了钱你要拼命'卷'"吗？无论在何种文化中，"视财如命"都不是一个"好"词。但是，为什么几乎每个现代国家都会将"保护人民的生命和财产安全"写入宪法呢？财产对于现代人来说，真的和生命同等重要吗？

对大众而言，答案其实很简单，即"生存的需求"；在学术研究中，要么将其归结为马斯洛的"需求层次理论"——人们必须在满足生存需求的基础上才能考虑其他的更高层次的需求，要么用类似"人的经济理性""资本逐利本性"等加以阐释。在本章中，我们尝试回到"财产"与"劳动"的本来含义来理解这一问题，进而澄清"视财如命"究竟是如何变成现代群体的普遍特征的。

03　财产与劳动："视财如命"为什么是现代社会的群体特征？

财产、劳动与现代性："Property"的双重意涵

我们先来讨论一下"财产"问题。对于现代人来说，财产就是生命。然而，必须进一步解释的是，财产与生命同等重要，并不意味着视财如命，而是因为现代语境中的财产和我们上一章中所讨论的"平等""自由"这两个现代群体的共同价值有着莫大的关系。

"财产"是指人经过劳动而获得的法理上属于自己的所有物，由此，"财产权"的概念也应运而生。然而，财产（权）对应的英文单词是property，而property又有着另一个中文含义，即属性。那么问题来了，"财产权"和"属性"在中文里是完全不同的含义，为什么对应的是同一个英文单词呢？

让我们一点一点来分析。首先，我们来看一看财产的本质究竟是什么。无论你将人类理解为上帝的造物还是自然的造物，作为物种而存在的人类都有着自我保存和种族延续的需要。因此，人类天然地有着享用自然界所赐予的资源以维系自身生存的权利。而这样一种个体利用自然资源、对自然资源加以改造的过程，就是劳动的过程，也是作为个体的人获取自身财产（私有财产）的过程。因此，洛克在《政府论》中明确写道：

> 他的身体所从事的劳动和他的双手所进行的工作，我们可以说，是正当地属于他的。所以只要他使任何东西脱离自然所提供的和那个东西所处的状态，他就已经掺进他的劳动，在这上面掺加他自己所有的某些东西，因而使它成为他的财产。[1]

洛克的话多少有些拗口与晦涩，却点明了"财产"的来源。简言之，对于作为物种的人类来说，自然界的所有资源最初是一种"共有"状态，只有当个体对自然施加了自己的劳动的时候，自然资源才从原初共有状态中解脱出来，变成了私人财产。这不难理解，那为什么我又会说财产权与"平等"有关呢？实际上，所谓人与人之间是平等的，其中一个最为基础性的平等就是，每个人都有使用自然界赐予的资源以实现自我保存的权利，这是现代社会规定给人的生存权利。也就是说，无论你和其他人的身高、体重、智商、颜值有多大差异，学历、肤色、信仰、文化有多么不同，作为人的你，都和其他人一样享有同等地使用自然资源的权利，从而维系自身的生存，这种生存权乃是最为根本的平等权利。那么，这个使用自然界的过程，也就是一个人劳动的过程。所以，相较于法律面前人人平

---

[1] ［英］约翰·洛克：《政府论》（下篇），叶启芳、瞿菊农译，商务印书馆2008年版，第18页。

03 财产与劳动:"视财如命"为什么是现代社会的群体特征?

等、受教育权利人人平等等,劳动权的人人平等是更为基础性的平等。

此外,通过劳动而获得生存所需的财产,不仅和"平等"有关,还和"自由"有着不可分割的联系。在上一章中,我们在讨论"自由"的概念时举了这样一个例子,即假定我和你都面对着同样一片森林,我们都可以使用其中的树木来展开劳动,但是我用这堆木材打造了一张桌子,而你用它们打造成一把椅子,这一差异就是源自每个人都有的自由意志。如此一来,所谓劳动,实际上就是个体发挥自由意志,将自身的智力与身体能力施加到外在的"物",从而将具有公共属性的自然资源转变为具有私人属性的财产的过程。由此,"property"可以同时用来指代"财产权"和"属性"两个中文意象就不难理解了。因为劳动的结果就是财产,这意味着,人们所获取的财产,实际上是通过"劳动"这一过程将个体的"属性"和能力附着在了外物之上,在人的劳动产品以及财产中,实际上凝结着人之为人的自由意志。

其实,我们生活中或多或少都会有类似的经历。外婆打的毛衣,初恋织的围巾,等等,这些东西可能并不值钱,也不如那些直接购买的品牌产品精致,但是这种DIY(自己动手制作)的劳动成果往往对我们更具意义,也更让我们难以割舍,就是因为这些"物"凝结着人的"心"。所以,我们在写信的时候才会喜欢说"见字如面";我们在读他人文章的时候才会感慨"文如其人";在商品市场上,大师手工制作的产品价格往往高于机器流水线生产的。这些现象之所以存在,正是因为劳动的过程实际上就是个体在利用并改造自然资源的过程中,将自身的灵魂与意志附着于自然的过程,而劳动的成果实质上成了个体自由意志的承载物,如此,我们才能理解马克思所说的"劳动是人的本质属性"。所以,私有财产不只是"物",更是人的属性本身。所以,财产才和生命一样,是神圣而不可侵犯的。写到这里,我们会发现,现代人由于是平等的,所以才具有了同等的劳动权利;而劳动一方面是人类用以维系生存的本能,另一方面又是人类自由意志的挥洒。总而言之,是平等与自由这样一种现代群体同一的价值基础,赋予了劳动与财产的神圣属性,也不断塑造着"视财如命"的现代人群体特征。

财产、劳动与群体性:社会是如何可能的?

通过对财产与劳动本来含义的梳理,我已经阐明了它们是如何与现代群体的同一价值相关联,又是如何在"理论"上塑造着现代群体的普遍特征。然而,约翰·洛克作为17世纪的西方思想家,他的论述更多是一种理论讨论。在现代人的日常

03 财产与劳动:"视财如命"为什么是现代社会的群体特征?

生活中,财产与劳动的问题有着更为复杂的形态,甚至它们是"现代社会"得以成立的必需品。

在前现代的自然经济时代,人类大多通过劳动直接获取财产,处于自给自足的状态。通过劳动直接获得的大部分财产(如粮食等),一般不用于大范围的交换而是直接用于自身生活,即使以家庭为单位的生产劳动有了一部分"剩余",也只是在相对较小的地理空间范围内与他人进行交换,甚至是以物易物。然而,随着现代社会的来临,工业化与现代技术的飞速发展使人类的生产效率提高到了前所未有的水平,与之相应的,是劳动方式与财产积累形态的巨大变化。本来身体能力有限的个体借由机器和技术在单位时间内的劳动成果已经远远超过了个体的需求,这样一来,一系列现代社会独有的现象开始出现。伴随着商品经济的发达,人们开始在越来越大的地理空间范围内进行交换,从而有了地区市场甚至全球市场的繁荣。

同时,进入工业时代的现代人,由于已经走出了自给自足的自然经济,因此整个劳动形态和劳动过程也开始发生变化。在大多数情况下,工业社会中的人们,自己的劳动成品与自己的财产之间,还加入了很多中间环节。例如,一个在富士康的苹果手机生产流水线上的工人,尽管一台台苹果手机都凝结着他的劳动,但是这些生产出来的成品却并非他的直接财产——在工业体系中,一个人的财产是以工资这种方式呈现出来的。用更为理论化的话语来表述的话，就是货币这种一般等价物成为"财产"的表现形态。被困在系统里的"打工人"没日没夜地劳动，付出汗水，挣取自己的薪水，然后或者消费掉，或者买入股票、外汇、黄金等进行投资，以期使自己的资产不断获得增值。因此，我们可以说，在现代工业文明之下，人的劳动过程与劳动成果（财产）之间发生了分离，而人类的财产形态也变得更为多样；同时，不同国家、不同文明之间，也出现了衡量财产多寡的一般等价物，即货币以及由此衍生的货币体系。

实际上，劳动与财产之于现代人的意义，还远远不只于此。因为现代文明的另一个典型特征就是社会分工的复杂化。劳动也就从前现代社会的个体行为转变为现代社会中的群体行为和系统行为——在现代群体生活中，每个人的生存与生活，都建立在他人劳动基础上。因此，劳动不仅是人的本质属性，也是社会得以成立的前提基础。我们每个人所获取的财产，既是自身辛勤劳动的结果，同时也是他人劳动的产物。

对现代人来说，劳动不只是谋生手段那么简单，财产也不只是钱财、身价这一层含义。它们是现代性对个体做出的全新规定，也是现代社会对个体的基本要求。现代文明，规定了个体的平等，允诺了我们的自由；劳动既是我们的权利，也是我们的义务，更是我们通往"自由"的通途。现代性对我们承诺

03 财产与劳动:"视财如命"为什么是现代社会的群体特征?

了无限可能的未来,又让我们相信"财产"的多寡影响着我们这种无限可能的实现。因此,我们踌躇满志地踏上职业征途,又会在疲惫不堪的时候咒骂工作;我们以"财务自由"为自己的目标,却发现"财务自由"反而让自己越发不自由。劳动与财产所带给我们的所有愉悦、成就以及自我实现,永远与它带来的焦虑、紧张与身心俱疲相伴随。这,已经成为现代群体生活的基础架构与普遍特征。

延伸阅读

[德]马克斯·韦伯:《新教伦理与资本主义精神》,阎克文译,上海人民出版社2018年版。

苏国勋:《理性化及其限制:韦伯思想引论》,商务印书馆2016年版。

[美]本杰明·富兰克林:《富兰克林自传》,蒲隆译,译林出版社2015年版。

04
消费与异化：消费主义为什么成了现代社会的基因？

04 消费与异化：消费主义为什么成了现代社会的基因？

贪婪、欲望与消费：从电影《七宗罪》说起

《七宗罪》是一部由美国著名导演大卫·芬奇指导的惊悚悬疑电影。这部电影以一个连环杀人案作为线索，讲述了"七宗罪"的系列谋杀案故事。行将退休的纽约警察局刑事警官、著名的凶杀案专家威廉在整个故事中扮演着非常重要的角色，是他最先洞察了接连发生的命案中的玄机——基督教的七重罪孽：暴食、贪婪、懒惰、愤怒、骄傲、淫欲和嫉妒。在本章一开头我就提到这部电影，并不是因为本章要讨论犯罪或者凶杀，而是因为我们可以看到，电影所涉及的"七宗罪"，实际上都是人性的弱点；再仔细看一下，其实这些弱点中，大都与"无节制"有着莫大的关系。那么，在当下我们的日常生活世界中，又有什么事情很容易让我们陷入"无节制"的状态呢？

是刷短视频无节制，还是玩游戏无节制？其实，这些都不算什么，因为在现代生活中，"消费"才最容易在无形中让我们变得缺乏"节制"。在当下我们生活的世界中，充满着各种各样的电商平台，无论是淘宝、京东抑或是拼多多、当当，这些所谓的"大厂"实际上都是从做电子消费平台起家的，同时伴随着这些网络购物平台而兴起的，是越来越令人眼花缭乱的促销方式。2009年，淘宝商城在11月11日举办网络促销活动，最终营业额远远超过了预期，于是每年的11月11日成了天猫举办大规模促销活动的固定日期，也就是人们日常所说的"双十一购物节"。到2019年，天猫"双十一"全天成交额达到了惊人的2684亿元。更令人惊讶的是，根据相关统计数据，2019年的"双十一"订单创建峰值创下新的世界纪录，达到54.4万笔/秒，是2009年第一次"双十一"的1360倍。天猫"双十一"购物节只是诸多购物节中的一个，除此之外，我们还有各大购物平台造出的购物节，如京东"六一八"购物节，以及随着每年的春节、元旦、圣诞节等节日而举行的购物狂欢。

不仅如此，随着整个网络技术的硬件手段的发达，移动互联网的迅速发展更是为"消费"的大展拳脚提供了更多可能性。直播带货开启了消费的全新形式，而抖音、快手以及各种各样的短视频平台，实质上都已经具有了"带货"的功能，俨然已经成为新形式的网络消费平台。人们究竟在什么样的平

04 消费与异化：消费主义为什么成了现代社会的基因？

台、基于什么样的"动机"与"需求"进行消费？其中又有多少消费是用在"必需品"之上的？这些可以被大数据直接回答的问题，并不是本章内容想要解决的核心问题。在本章，我们想要讨论的是：现代社会是不是已经从过去的"生产社会"转向了"消费社会"？如果是，那么这意味着什么？同时，更值得讨论的问题是：消费至上的社会以及消费主义，究竟对现代人的生活世界意味着什么？用通俗的话来说，我们每个人每天都在"消费"，都在"买买买"。那么，我们为什么会买买买？我们买的，究竟又是什么？消费主义究竟为什么会成为时代的群体基因？

"生产"的终结：生产与消费的关系倒置

电影《七宗罪》涉及的七个关键词，其实都站在了"节制"的对立面，无论是情绪上的、欲望上的，还是行为上的。如果说，我们今天处于消费主义时代，这首先意味着对"节制是美德"的深刻挑战。在本章第一部分的简要讨论中我们可以看到，对于大部分人而言，消费已经渐渐取代生产成了现代社会生活的主轴。如果从哲学观点看，这意味着整个观念系统的革命。马克思认为，在以私有制为基础的商品经济中，人与人之间实质的社会关系被物与物之间的交换关系的假象所掩盖。在自发的交换中，商品生产者的命运决定于他们所创造的商品能否卖出去和卖价的高低。这就造成了商品生产者对商品的崇拜，似乎商品有可以决定商品生产者命运的神秘力量。他将这种社会现象称为"商品拜物教"。如果对这一概念进行引申，我们会发现马克思实质上洞察了商品与"人"在现代语境下的内在关联——商品在人类社会生活中扮演着越来越重要的角色，它作为一种载体，借由人们的消费行为决定着商品生产者的命运。于是商品以及由此而产生的消费行为在某种意义上甚至取代了过去的宗教，成了工业文明中主宰人类、支配人类的"新宗教"。如果从纯粹的经济学观点来看，消费社会的到来实际上是再正常不过的经济现象。因为随着生产过剩的来临，消费自然成为重要的部分。特别是人类趋利避害的本性，以及资本追逐利润的本性，都会导致人类越发重视消费端。从被动层面来讲，生产过剩时消费被重视，这本身是市场竞争的一种体现；从主动层面来讲，个体有了更强的消费能力、更多的消费选择以及更丰富的消费信贷工具的时候，消费自然而然成为人们生活的重点。然而，对于一名社会学研究者而言，消费则意味着日常生活世界以及群体基因"静悄悄"的革命。

在详细展开这些具体问题之前，我们先来理解一下从以生

04 消费与异化：消费主义为什么成了现代社会的基因？

产为重心转移到以消费为重心的社会事实及其意义。我们讨论过的劳动与财产，清晰地揭示了劳动何以构成人的本质属性，财产又是如何具有神圣性意义的；而我们将在第七章讨论的职业与分工，揭示了工业文明之下的职业系统是如何通过分工体系重新塑造了人类的联结方式与组织形态的。简单来说，在人类漫长的历史中，生产一直占据核心位置。在工业社会来临之前，生产之所以非常重要，是因为当时人类的技术水平和生产能力非常落后，因此生产长时间处于供不应求的状态；而进入工业社会之后，生产之所以重要，就不再是因其供不应求的状态，而是因为工业革命与技术革新使人类生产能力飞速提升，同时工业化与现代化的普遍历史进程又使"生产"的逻辑不断塑造着人们社会生活的形态。然而，生产的飞速发展很快衍生了这样一个"非意图后果"——我们都会记得历史教科书上记录的1929年资本主义世界的生产过剩的危机。在当时的社会，生产极大丰富，但是资本家宁可将自己生产过剩的牛奶倒掉，也不会卖给穷人。实际上，这正是现代社会从"生产"转向"消费"的"前兆"——在这样的背景下，"消费"日渐走上前台，扮演着日益重要的角色，也在潜移默化中改变着现代人的生活与心灵：各种各样的购物节与购物狂欢，京东、淘宝、拼多多等各色电商平台，"上午下单，下午送达"的便捷快递与物流网络，几乎完全脱离现金的便利交易方式，直播带货的销售模式……上述这些我们已经习以为常的消费状态，构成了我们今天日常生活的重要环节，也在不断地塑造着我们的生活方式。

异化的人类：被制造的消费欲与被裹挟的消费者

作为一名"80后"，尽管我时常感到自己和"90后""00后"之间的代沟难以弥合，但是我同样觉得自己和父母一辈在很多地方有着完全不同的观念与行为方式。这些差异在消费上体现得最明显。我的父母一辈，他们人生的大多数时间都处在"短缺经济"的状态下。作为"50后"和"60后"，他们人生的前半段是在物资供给制的制度环境中度过的。作为后发展现代化国家，中华人民共和国在成立初期面临着异常复杂的国际形势，因此实施了优先发展重工业的整体策略。在这样的情况下，需要将有限的资源优先投入重工业领域，涉及日常生活消费品的轻工业生产长时间处于短缺状态。因此，对于父母一辈而言，和消费相比，他们更看重储蓄、节俭。

对他们来说，"消费"和"购买"这些行为，在大多数情况下，其对象应该是生活必需品。每次我回到家中的时候，总是选择穿我爸妈见我穿过的衣服。因为如果我穿了一件父母没有

04 消费与异化：消费主义为什么成了现代社会的基因？

见过的衣服，或者穿了一双他们没有见过的鞋子，很快就会引发这样的"灵魂拷问"："你的衣服是不能穿了吗？鞋穿坏啦？不然怎么又买新的了呢？"更令我们的父母不能理解的是，为什么我们会在手机还能用的情况下，花几千块钱购买新的手机。时至今日，我已经放弃了改变父母一代消费观念的奢望，也不愿意再跟他们解释 iPhone X 与 iPhone 11、iPhone 12 之间的差别。但是，这样一些生活中的细节却也让我发出了对自己的"灵魂拷问"：为什么现在的我们，宁可钱包空空如也，在每月房贷、车贷"压力山大"的情况下，仍要不停地更换还能使用的手机呢？在夜深人静的时候，在每月看到自己信用卡账单的时候，你是否陷入过和我同样的迷茫：我们经常买买买，到底在买什么？我们为什么会买买买？每次清空购物车的时候，那些躺在购物车里的东西真的是必需品吗？为什么我们明明知道"清购物车一时爽，清完火葬场"，还要"赴汤蹈火"呢？对今天的我们来说，消费到底意味着什么，又为什么具有如此的吸引力，让我们无法自拔？

法国社会学家让·鲍德里亚（Jean Baudrillard）将这样一种消费取代了生产的主导位置的社会状态称为消费社会，并将弥散在这种社会状态下的普遍观念称为"消费主义"。究竟什么是"消费主义"呢？在这里，我不打算长篇累牍地做学理概念的阐释，而是想用一些最为日常和通俗的问题来让大家理解所谓的"消费主义"。一个最为直观的问题就是,当你清空购物车的时候,你究竟是在"买"什么?实际上,这恐怕是一个细思极恐的问题。

从代际来看,我们的父辈经历了计划经济时代和供给制,因此对于他们而言,"买东西"三个字的重点在于"东西"。简单来说,在他们看来,如果你要买"东西",那么这个"东西"一定是必要的,是买了就要用的,这就是所谓的"生活必需品"的消费状态;但是想想我们,特别是我们在购物节大众狂欢的时候,"完成购买"这个行为本身已经构成了消费的重要意义。我们所购买的商品本身,已经没有那么重要了。真正让我们通过消费行为感到满足的,其实已经不是"商品"和"物"本身,而是我们被电商平台、带货主播以及各种各样的促销机制和销售模式所刺激起来的欲望。

也许你会有疑问,在买东西这个过程中,"买"怎么会变得比"东西"更重要呢?不妨想一想,当你每次从电商平台上下单之后,什么时候最兴奋?在绝大多数情况下,最期待的阶段是你等待快递小哥配送的时候,最满足的时刻则是你徒手撕掉层层叠叠的胶带并拆开外包装的时候,这几乎是毫无疑问的。至于你所购买的商品,有可能你会一直使用,但也有可能你很快就会将它束之高阁,存放在再也想不起来的隐秘角落。

简单来说,在消费社会到来之前的社会,生产占据着至关

04 消费与异化：消费主义为什么成了现代社会的基因？

重要的位置，它决定着人类的日常生活需求是否可以被满足，决定着所有处于生产链条中的每个人的生存状态与职业状态，决定着现代社会的联结方式。然而，当消费社会来临之时，人们日常生活中的行为逻辑和观念系统在潜移默化中发生了翻天覆地的变化。其中最明显的就是"消费主义"的兴起与弥散。一般来说，提到"主义"两个字，我们会想到政治哲学、历史哲学等"高深"的名词。实际上，"主义"真实的力量在于根植于人心，成为影响和支配我们日常生活行为的"操作系统"。这样看来的话，我们不得不承认，当我们的消费本身成了一种需要，当我们的消费行为本身不是基于对"商品"的生存性需要，而是消费这个行为本身就是我们的"需求"的时候，我们才能说消费主义弥散在我们的空气中。

"买了这么多衣服却总是感慨没有衣服穿""买了这么多书也没见你读"，诸如此类的抱怨在消费主义面前是"毫无意义"的，因为真正让我们感到满足的，是"购买"这个行为本身。这种听上去有点儿吊诡的"需求"与"满足"，究竟又是如何产生的呢？

仔细审视一下我们的生活世界你就会发现，今天的商家，实际上在刻意通过各种隐秘的机制不断地刺激着我们的欲望，制造着我们的"需要"：商家通过各种直播带货的流量来吸引消费者，而几乎无处不在的、被植入了广告的短视频和电视剧在源源不断地为消费者提供着形形色色的商品资讯。不仅如此，每当购物节到来的时候，又有着复杂的满减、凑单和预售活动。这些复杂的满减、凑单机制为我们提供了一个"省钱"的假象，但是冷静下来想想，如果我们的消费是用看上去少的钱去购买了自己本来并不真实需要的商品，究竟是谁亏了呢？更为有趣的是，每当"双十一""六一八"这些被制造的"节日"来临的时候，商家还会营造一系列节日的仪式感和氛围感，从而让人陷入埃米尔·涂尔干（Emile Durkheim）[1]所说的"集体欢腾"的状态，在一场由大众共同参与的节日中体验消费所带来的满足感。我的一个朋友曾说过一句话："现在每年对'双十一'零点到来清空购物车和抢优惠的那种期待，就同小时候等着除夕夜零点钟声那种兴奋差不多。"在我看来，这是对"消费社会"的绝佳注解。

用户画像与市场分析：人群的最大公约数

人类文明自现代后又迈入"消费社会"，除了表现为我们的消费行为所出现的异化，还有一个具体表现，那就是原本以

---

[1] 又译为爱弥尔·涂尔干、E.迪尔凯姆，本书统一使用埃米尔·涂尔干。——编者注

04 消费与异化：消费主义为什么成了现代社会的基因？

"生产"为核心部门的企业，现如今更加重视市场营销与销售部门。曾经有这样一个说法，如果一个人曾经在"销售部门"或者"销售岗位"工作过，那么这个人一定经历了足够多的锻炼。这个说法可能有点儿绝对，但是说明了销售端的重要性，因为销售端直接对应着消费群体。

所以，今天的企业，一方面重视产品的生产与技术迭代，另一方面又在"如何将产品卖出去"以及"如何生产出更受市场欢迎的爆款产品"这两个环节上费尽了心思——前一个环节对应市场营销或销售部门，后一个环节对应市场分析部门。现在很多企业还喜欢进行"用户画像"，希望可以借此精准确定自身产品受众的群体性特征——哪里的人？哪个阶层的人？哪个年龄段的人？哪种消费习惯的人？……不知道大家有没有仔细想过，用户画像到底是什么？用户画像所捕捉的，实际上就是每一个留下了痕迹的消费者的人口学特征与消费习惯的"最大公约数"，这种最大公约数为生产商提供了一种看上去可信度极高的数据模型与统计概率——你一旦具备了用户画像上所具有的某种特征，就会被识别为有更大的概率去购买他们的产品。在现在诸多 App 和算法的加持下，你作为潜在消费群体中的一员，也就有更大概率被定点推送相应类型的广告与消费资讯了。

其实，商家在个人消费欲望和消费可能性的塑造上所做的努力还不只于此。比如，每当苹果新产品开发布会的时候，大家都会充满对未来科技的期待。再如，我们今天有一系列关于社会阶层、身份认同的讨论，如通过各种方式让你去追问自己"我究竟是不是中产阶层"。而实际上，这一问题本身就在不断制造着你的"地位焦虑"，而消费又是区分现代人阶层身份的重要标志。在很多人看来，各种汽车品牌的差别，不是车这一代步工具的差别，而是开车的人和人的差别。这些差别也在实质上制造着每个人的消费需求。现代商业机制和无情的资本还往往会给自己穿上一件看上去健康而诱人的外衣。举个例子，无数公众号和自媒体在宣传跑步锻炼等健康生活方式，带动了一大批人加入了"跑步大军"，但这也同时带动了运动装备产业的增长。我就有个朋友，跑步的配速很差，也缺少日复一日的坚持，但就是买了一大堆优质装备。

身处以"消费"为主题的社会之中，我们被五花八门的商业机制、媒介机制和社会机制重重覆盖，生产厂商和商家通过各种各样的方式不断塑造着现代个体的消费欲望。消费被大大地异化了，因为这个行为本身成了本质，而消费的对象——物反而变得没有那么重要了。消费主义，也成了一种现代欲望形态，在我们的日常生活中挥之不去。

04 消费与异化：消费主义为什么成了现代社会的基因？

延伸阅读

［德］卡尔·马克思：《资本论（第一卷）》，中共中央马克思恩格斯列宁斯大林著作编译局编译，人民出版社2018年版。

［法］让·鲍德里亚：《消费社会》，刘成富、全志钢译，南京大学出版社2014年版。

［英］齐格蒙特·鲍曼：《工作、消费主义和新穷人》，郭楠译，上海社会科学院出版社2021年版。

05
效用与价值：社会生活的普遍逻辑是如何支配我们的？

05 效用与价值：社会生活的普遍逻辑是如何支配我们的？

"自由而无用"的内在逻辑

在今天的互联网上，有一句很流行的话叫作"有趣而无用的灵魂"。这句网络流行语既是一种对自己"无用"的自嘲，也蕴含着对"有趣"这个词的褒扬。实际上，如果追根溯源，这句流行语应该来自民间对复旦大学整体风格的评价，即"自由且自律，无用但有为"。不知道从何时起，这句话衍化成"自由而无用的灵魂"，进而变成"有趣而无用的灵魂"。

本章试图围绕支配现代群体日常生活的普遍逻辑来展开讨论，那为什么要在一开头讨论"自由而无用"呢？原因很简单：我们正处于一个"无用"因为"无用"而变得"无用"的时代。这句话说得有点儿拗口，我举个例子大家就明白了。

自从我做大学教师以后，每年高考填志愿时都会接到各种亲戚朋友的电话："你说我们孩子报什么专业好呢？"我说：

"那要看孩子的兴趣是什么啊！"每当我这样回答的时候，不出意外都会得到家长这样的回复："嘿，他懂什么啊，兴趣能当饭吃吗？"紧接着，我会继续问家长："如果您觉得孩子太小不懂事，那么您觉得什么是'好'的专业呢？""这还用说，我就是想问哪个专业以后更好就业。"

在我看来，上面这段几乎每年都要在我的现实生活中发生的对话，是"无用"正在遭到大规模严酷抛弃的直接注解。这样的例子，实际上在我们的生活中屡见不鲜，可以遍及婚姻恋爱、职业选择、朋友交际等各种领域。你会选择一个自己可能没那么喜欢，但"适合过日子的人"共度余生吗？你会选择一个你发自内心热爱的，但是收入不高甚至不那么稳定的工作作为自己的职业吗？你不喜欢大城市的快节奏和"内卷"，内心很喜欢自己的家乡，但它可能只是一个四五线小县城，没有那么多工作机会。你大学毕业后，究竟去哪里工作和生活呢？可能我们大多数人会说，这些在"有用"和"有趣"之间纠结、徘徊和选择的例子，就是理想和现实的差距；可能我们大多数人会说，自己的理想主义随着青春一起埋葬了，或许这才是"爷青结"的真实含义。在这里，我并不是要对各种不同的选择做出高下的评判，因为每个人的选择，都有自己的道理。我想具体展开讨论的，是这些不同的行动选择背后，究竟蕴含着怎样的普遍逻辑。

05 效用与价值：社会生活的普遍逻辑是如何支配我们的？

马克斯·韦伯曾有一句名言：人是生活在自己编织的意义之网中的动物。进而，对于以"群体"为研究对象的社会学来说，其重要的学术使命之一就是不断讨论社会行动内在蕴含的意义及其效果。在这里，尤其需要注意的是，所谓"社会行动"并非指人类某一个个体的所有行为，而是强调这些行为的内在意义和逻辑是可以被"他者"所理解的，正是有了这种对意义的理解，才有人与人之间的沟通、互动、理解，也才有群体可言。那么，在"无用"与"有用"之间，在"无趣"和"有趣"背后，又蕴含着怎样的行动逻辑呢？

效用：现代的本能

在这里，我们就又要提起马克斯·韦伯了。韦伯对于现代人的社会行动有着独到的分析视角。他将人类的理性行动分成两种，一种是工具理性行动，另一种是价值理性行动。所谓工具理性行动，是指人根据周围环境和其他人对自己的期待所进行的行动，这种行动以明确的"有用性"为目的，是一种被个体经过理性计算后得出的最符合成本或收益原则的行动；所谓价值理性行动，是指一个人由于坚定地相信某一行动所具有的价值属性而采取的行动，同时，这种价值一般都带有超越纯粹

"效用"的逻辑，且更偏向于理想、信仰、情感、伦理和宗教层面。听上去是不是有点儿拗口，或者说有点儿晦涩？其实韦伯对社会行动的分类也并不难理解，这两种行动的划分，本质上就是"效用"与"价值"的划分。

我们不妨用大学生来举例子。今天的大学课堂，很多学生选课的行为就是工具理性行动。比如，两位老师各自开了一门"社会学概论"的课，其中一个老师授课水平特别高，但是课程每周都有作业，而且期末闭卷考试，还从来不划定考试范围，给分也很严格，很少有人能考到85分以上。但是另一位老师开的同样的课，上课经常照本宣科，枯燥无聊，但是一不点名，二不留作业，三给分很高，普遍都在85分以上。面对这样两个老师的课程，学生会选择哪个呢？

如果用韦伯对社会行动的类型划分来看，选择第一门课程的学生，其实是价值理性行动；而选择第二门课程的学生，其实是工具理性行动。为什么这么说呢？在这里，我们必须先分析一下，"学习"这个词到底意味着什么。从人类文明发展的历史进程来看，通过学习接受教育，其本质是满足人的"求知欲"——因为这是人类的重要本能之一。"好奇心害死猫"，但是好奇心和求知欲却是人类种族得以存续和文明得以发展的关键。满足求知欲是学习的本质。每个人的兴趣点不同，因此有人选择文学，有人选择计算机，有人选择历史，有人选择数

05 效用与价值：社会生活的普遍逻辑是如何支配我们的？

学。但无论选择什么，求知欲和兴趣才是原动力。这就是所谓的"价值理性"。但是在知识发展的过程中，"学习"这种行为本身也会有"副产品"，就是通过学习获得的知识与技能可以保证和促成人的生存。在社会竞争日趋激烈的情况下，生存问题几乎成了大部分人的焦虑来源。因此，"求知欲"已经变得不再重要甚至逐渐被人遗忘，而学习这个行动本身变成了满足纯粹"求职"、"生存"和"挣钱"需求的手段和工具。这也就是韦伯所说的工具理性行动。

这两种行为并无对错高下之分。但是很显然，工具理性行动往往缺少更深层次的"价值感"和"意义感"。可是，现代社会的状态就是"工具理性"不断蔓延。有多少人的学习，是出于求知欲和兴趣呢？又有多少人在从事着钱多、活儿少、离家近但很没劲的工作呢？有多少恨嫁和被催婚的人，天天听着身边的长辈、朋友说"找个适合过日子的人就行了，喜欢不能当饭吃"？在韦伯社会行动理论的基础上，后来的学者又发明出了理性选择理论，并常用这一视角去分析各种经济、政治乃至文化现象。

实际上，工具理性已经成了现代人日常生活的主导性逻辑，以致我们会觉得在这种逻辑下做的选择理所应当，但这种状态在漫长的历史中并非"常态"。准确地说，这是现代文明的典型特征不断发展的具体结果。"现代文明"的典型特征其实就是标准化、流程化以及效用最大化的工业逻辑。现代文明有着非常广博和丰富的内涵，但是"工业逻辑"在其中扮演着很重要的角色。

首先，"机器生产"或者"机器流水线"以高度标准化的方式最大限度地提高了人类的生产效率与批量生产能力，这既契合了人类趋利避害的本能，也促成了更大范围的生产—商业—贸易网络体系的出现。其次，机器生产之所以具有如此之大的魔力，是因为它强调的乃是每一个环节的重复高速运转以及每个环节之间的精密匹配，几乎每一个机器生产环节所遵循的都是"成本／收益"的逻辑。最后，工业逻辑具有极大的吸引力、复制性和扩张性，它使现代人相信，这种逻辑可以推广到工业生产之外的任何领域——教育、医疗乃至公共事业等，实质上都在按照生产流水线和标准化的逻辑重塑着自己的"底层逻辑"。一个学生，考大学之前根据"什么专业最好就业"选择专业；进入学校后，根据"选择哪个老师的哪门课更容易取得好成绩"选择课程学习；毕业后，再根据"钱多、活儿少、离家近"的逻辑选择职业；最后，还可以按照"哪种类型的伴侣和婚姻是可以给自己提供最大效益"的来选择婚姻。这难道不就是哈贝马斯所说的"系统对生活世界的殖民"吗？

美国有位很有意思的社会学家叫乔治·瑞泽尔（George Ritzer，又译为乔治·里茨尔），他有一本书叫《社会的麦当

05 效用与价值：社会生活的普遍逻辑是如何支配我们的？

劳化》，这本书用麦当劳来隐喻整个现代社会的运行逻辑。麦当劳化的社会就是一个"工具理性"覆盖到社会生活各个角落的社会。为什么这么说呢？因为麦当劳是以"效率"和"有用性"为核心机制，同时依靠以标准化、流程化为核心的运转体系。麦当劳的食品都是在高度标准化的生产线上生产出来的，而且可以保证各地出产的巨无霸汉堡口味一致，单个汉堡的生产流程和生产时间也是一样的。我们如果常吃麦当劳就会发现，它的存在，是最符合我们对食物"热量"要求的——虽然口味标准化，但是能够补充身体运转最需要的能量。是否美味并不是最重要的，满足身体所必需的能量才是其本质目的。大家想想，这是不是和韦伯所讲的"工具理性行动"有着同构的逻辑？

麦当劳化的社会是个非常形象的比喻，因为在我们现在的日常生活中，遍地是这样的逻辑。哪怕是最有价值属性的婚礼，现在也是有一整套标准化的流程。很多年轻人举行婚礼，更多的并不是在婚礼中体会婚姻的神圣性，而是这是必要的"流程"，只是具有各种"有用性"的工具和手段，或者满足家里长辈愿望，或者把它作为包赚不赔的收取份子钱的生意。

趋利避害、追逐利益最大化，这是自古就有的人类的本质属性，但是，在现代来临之前，几乎所有的文明都在对抗着这种本性。儒家讲"君子喻于义,小人喻于利",前面章节中提到的七宗罪的故事,以及佛教里面的各种清规戒律,实际上都是与这种本性相对抗的。而正是资本主义的兴起以及与之同时展开的宗教改革,在某种程度上为现代人追逐利益的行为确立了正当性,才有了马克思等人所说的"异化"的展开。所以我们才会说,"效用"及其背后的"工具理性"乃是"现代的本能",并衍化成为群体共同认可和理解的普遍性逻辑。

价值:文明的指归

讲完了工具理性,也许大家都会感叹价值理性在现代社会的"稀缺",也会进而形成对"精致的利己主义者"的批判与反思。然而,这也带来了一个问题:如果社会行动只具有价值理性的意涵,那就一定是"好"的吗?就一定是值得称颂与褒扬的吗?

实际上,无论何种文明,哪怕是工具理性泛滥的现代文明,其内在都依然蕴含着各自的核心价值观念与信仰诉求。宗教也好,政治也罢,都不是单纯的"治理的工具"或者"权力的游戏",而是内在蕴含着深刻的价值属性。在很多时候,我们会将这种内在的价值属性视为"文明的指归"。然而,价值

05 效用与价值：社会生活的普遍逻辑是如何支配我们的？

理性也有其固有的危险。如果它发展到极致也是非常可怕的。大家不妨想一想，一些宗教极端组织，为什么被认为是邪教呢？就因为这些组织宣扬一套抽象的宗教观念和价值观念，并且要求其信众将这个至高的价值观念奉为行动的信条。为了实现所谓至高的理念，这个组织可以不顾一切现实，不顾一切人类最基础的情感。因此，他们才会有针对平民的恐怖袭击。

不仅如此，二战中的德国纳粹，其所有的战争行动以及反人类的行动背后都是将其认定的最高的价值（如日耳曼的种族主义）放置在最高的位置。为了实现这个抽象的价值理念，而不顾任何手段的正当性，也不顾人类所有朴素的共同情感。韦伯也非常敏锐地看到了这一点，他指出，现代社会的本质是"理性化"和"祛魅"。祛魅，就是让人们不再陷入那种抽象理性和价值理性所带来的想象和迷狂，并以此来支配自己的行动。在这个意义上，如果说现代社会较之以往任何时代都更为"文明"和"进步"，正是因为人们有了"理性思考"能力，有了"审慎"与"清明"。进而，在行动过程中既要判断行动本身的价值目的是否正义，同样也要考虑手段与工具是否正义。

意义的消逝：一个时代的群体症候

笔者在学校里给学生讲"社会学概论"的时候，都会提到《新教伦理与资本主义精神》，并反复强调这本书所具有的划时代的意义。每当我给学生讲到"天职观"，讲到改革后的基督新教和加尔文宗实际上为现代人努力挣钱这一行动奠定了神圣性基础（因为这被认为是在证明着上帝的荣耀）的时候，学生都会问我这样一个问题："老师，难道说现在的基督新教的教徒、现在的西方人在工作的时候内心都还怀有着这样的'天职观念'吗？"

实际上，这样的提问方式对于韦伯来说并不"友好"。因为当韦伯在一百多年前做出这样的论断的时候，他所提出的，乃是一个"先知"的时代命运之问；他所讨论和预言的，乃是他所看到的普遍性趋势。但这个问题，对于今天的我们而言，却是一个相当有意义的问题，因为"意义"的消逝已经成了当下时代的群体症候。

如果说"意义感"与"价值"究竟从何而来是个"历史哲学"范畴问题的话，那么它们如何逐渐消逝则是一个典型的社会学问题。今天很多流行的网络热词，都和它有着莫大的关联。"内卷""社畜"等，概莫能外。一个学生，修了很多门课，不断围绕学分、绩点展开过度竞争；一个学者，写了

05 效用与价值：社会生活的普遍逻辑是如何支配我们的？

很多文章，但每篇文章都没啥实质贡献，也并没有发现或者解决什么新问题，只是单纯为了完成KPI的考核。一个好端端的、有血有肉有灵魂的人，就在日复一日的绩效考核与不断被"CUE"的流程性工作中，变成了如同行尸走肉般的"社畜"。更有甚者，如果说沟通和友谊是人类作为群体最可贵的属性的话，那么今天的人们，很多时候宁愿选择陌生人聚集的"树洞"，宁愿躲在被社交媒介所包裹的"壳子"中，也不愿进入面对面的真实的社交，还言之凿凿地给这种行为取了一个新的名字——"社恐"。这些，不都是意义消逝的典型表现吗？

无论是卡尔·马克思还是马克斯·韦伯，他们都做出了类似的预言，只不过他们的表达方式和修辞方式有所差异。马克思的"异化"概念，实质就是在讲这个问题。我们不必去背诵经典文本中的"异化"概念也可以体会它的意思。当你只是为了绩点而学习，为了"他对我有用"而社交的时候，这些行为不都是"异化"的具体体现吗？韦伯在《新教伦理与资本主义精神》的结尾，也曾经发出过这样的慨叹：

> 没有人知道未来谁将生活在这个铁笼之中，没有人知道在这惊人发展的终点会不会又有全新的先知出现，没有人知道那些老观念和旧理想会不会有一次伟

大的新生,甚至没有人知道会不会出现被痉挛性自尊自大所美化了的机械麻木。因为,完全可以这样言之凿凿地说,在这种文化发展的这个最近阶段,"专家已没有精神,纵欲者也没有了心肝;但这具躯壳却在幻想着自己达到了一个前所未有的文明水准"。[1]

马克思与韦伯一百多年前的预言之所以敏锐而可以穿透历史,就在于他们当时已经看到了效用与价值在共同支配着群体行动的普遍逻辑。而且,他们还看到了现代到来之后,这两者之间关系的纠葛以及此消彼长。也许你会觉得,如此说来,现代人岂不是没有希望?答案并非如此。现代社会其实对人提出了更高的要求,那就是要求我们在工具理性和价值理性之间,找到各自的平衡。我举个例子,比如,一个人真的喜欢哲学、历史、文学、社会学等这类看上去没有什么太好就业前景的学科,那么是否意味着就要放弃这些而选择更容易挣钱的专业呢?卢梭曾经说过这样一句话:要坚持在你单纯的心甲看来是真理的道路,不要让你因为虚荣和软弱而离开这条道路。我的老师以前说过,有一个学生问他,说:"老师我很喜欢哲学,但是我怕一直读这个学科以后没饭吃,我是否应该坚持?"我老

---

[1] [德]马克斯·韦伯:《新教伦理与资本主义精神》,阎克文译,上海人民出版社2018年版,第326—327页。

05　效用与价值：社会生活的普遍逻辑是如何支配我们的？

师回答他的话，我一直铭记在心："如果你真的热爱一门学问，并决定以此为职业，只要你肯下功夫，它会热爱你的。"只是，我们今天的人，越来越少相信这个道理。

延伸阅读

［德］马克斯·韦伯：《社会学的基本概念》，顾忠华译，广西师范大学出版社 2005 年版。

［德］施路赫特：《理性化与官僚化：对韦伯之研究与诠释》，顾忠华译，广西师范大学出版社 2004 年版。

［美］乔治·里茨尔：《社会的麦当劳化》，顾建光译，上海译文出版社 1999 年版。

06
结构与行动：群体的"身份标识"是如何产生的？

06 结构与行动：群体的"身份标识"是如何产生的？

人：结构性动物

在本书前面的很多章节中，我们都曾经讨论过现代人的诸多显著特征，如个性、自由、自主、自我、独立等。我们说过，其实今天日常生活中普通人对这些语词的理解很多时候已经偏离了它的本义。即便不去咬文嚼字般地纠缠其本来含义，我们也会发现这些构成现代群体普遍价值根基的词语，实质上是现代性的承诺，这种承诺既提供了现代人存在的意义、尊严与价值，同时也带给现代人无限的紧张。

不仅如此，当"大写的'人'站起来"之后，个体从过去的神的附属物变成了自我的主宰者，个体生活的目标从过去的要"光耀祖宗门楣"到现在的"活出自己"。现代文明中的劳动观与财产观实质上奠定了现代人的占有主义伦理。人们不仅开始注重"自我"，同时还必须通过占有财产的方式来彰显这种"自我"。由此,不仅"我"很重要,而且"我的"同样重要。"我的地盘我做主"曾经是21世纪初重要的广告语,而"我不要做第二个谁,我要做第一个我"也成了很多文体明星初出茅庐时的豪言壮语,并且这样的表达方式往往会对大众形成巨大的"激励"。在过去,"我是谁"这个问题或许是个哲学问题,因为它追问的是存在的意义;也或许是个社会学或者政治学问题,因为大多数人的回答会和国家、家族、职业有着关联:我是哪里人,我叫什么名字,我从事什么职业。但是今天的现代人,可以用一句非常简单的话回答:"我就是我。"

写到这里,也许大家会摸不着头脑,这一章我们究竟要讨论什么?简单来说,我们要对"我就是我"这句话发出诘问:当你回答"我就是我"的时候,你在回答什么?你真的是你吗?德国著名的犹太裔社会学家诺贝特·埃利亚斯(Norbert Elias)写过一本很薄的小册子,名叫《个体的社会》。我们千万不要望文生义,看到书名就联想到这本书是在讲现代文明中的个体主义和个体至上。恰恰相反,埃利亚斯这本书是在说,哪里有什么纯粹"个体的社会",现代人是活在"结构"中的动物。这本书里有一个很有意思的例子,埃利亚斯说,不管是东方文明还是西方文明,姓名都是一个人的外在标识,但是这个外在标识很有意思,它是由姓氏和名字两个部分组成的,其

06 结构与行动:群体的"身份标识"是如何产生的?

中姓氏代表着一个人的血缘系统,也就是家族谱系,而名字则彰显着一个人的"特殊性"。[1]实际上,这是埃利亚斯用"姓名"所做的一个隐喻,在这背后的本质性问题在于,现代人真的可以如"我命由我不由天"般活着吗?

在我看来,这个问题的答案是否定的。我们常说,人是群居性动物,人是高级动物,人是有理性能力的动物,这些都没错,但如果站在社会学研究者的立场上来说,人是结构性动物。这句话听上去很难理解,但它的意思其实是,人从一出生,就被嵌套在一系列社会的结构性要素之中——你无法决定你出生在什么样的家庭,你无法决定你有着什么社会地位的父母,你无法决定你出生在什么样的国家;同样,你在出生时,也无法决定自己究竟是生在一个经济发达地区,还是在一个贫困的乡村或者山区。这些都是一个人的先赋性结构要素。所以法国思想家卢梭有一本书的名字就叫作《论人类不平等的起源和基础》。这些不是由你所决定的先赋性结构要素,实际上会对你有着非常深刻的影响。

不仅如此,所谓的社会阶层、职业类别、地域文化、性别角色以及肤色、人种等,都是对"个体"产生巨大影响的结构性要素。在人文社会科学知识高度普及的今天,我们经常会看

---

[1] [德]诺贝特·埃利亚斯:《个体的社会》,翟三江、陆兴华译,译林出版社2003年版。

到类似"社会结构""结构主义"等字眼,但是很少有人真正去思考,究竟什么是"结构",什么是"社会结构"。打个比方,结构像是骨骼,它构成了人的基本身体结构,而五脏六腑则是身体结构的重要组成部分,它们在正确的位置上彼此作用,相互影响,维系着人的生命体征。我们也都知道,无论是盖一座摩天大楼,还是盖一座独门小院,总是离不开结构工程师这个工种。建筑物中的钢筋、地基其实也就是"结构"。如果说这些结构都是可以用肉眼看到的,那么"社会结构"则有所不同,因为它并不是我们可以在日常生活中能够直接看到的。比如,一个现代城市,有着富人区和贫民窟这样不同的社区,而在这背后,其实是深刻的社会结构在起着作用。具体地说,是收入、受教育程度以及与之相关的所谓的社会地位。再如,我们国家有着不同的区域,所谓东北、西南、东南、华北、华中等,所谓一方水土养一方人,实际上是在说在不同地方长大的人,会形成具有各自特色的方言系统、仪式系统、文化观念与生活习俗,所以我们才会说"老乡见老乡,两眼泪汪汪",由此,地缘也是我们的某种内在社会结构。为了进一步让大家理解为什么人是结构性动物,我们不妨来看一看"泰坦尼克号"的故事。

06　结构与行动：群体的"身份标识"是如何产生的？

"泰坦尼克号"上的生与死

1912年4月15日凌晨，当时世界上最大的邮轮"泰坦尼克号"在大西洋沉没，船上2200多名船员和乘客中有1500多人遇难。这一灾难性事件曾经引发过无数讨论与热议，也成就了《泰坦尼克号》这样的经典电影。但是在这里我们将要展开讨论的，并不是感人肺腑的凄美爱情故事，反而是那些"泰坦尼克号"沉船事故中冷冰冰的死亡数字。我想告诉大家的是，"泰坦尼克号"上的生与死，并不是没有规律的，而这个规律，就是看不见的"社会结构"力量在起着作用。

那么，"泰坦尼克号"上的哪些人活了下来呢？随着相关档案资料的陆续公布，社会学家开始来解答这个谜题——清华大学社会学系的晋军老师就曾经写过一篇以"'泰坦尼克号'上的生与死"为主题的文章，揭示了其中的结构性特征。

首先，全船头等舱乘客的生还率为62%；二等舱乘客的生还率为41%；而三等舱乘客的生还率只有25%。[1] 舱位等级意味着什么呢？它当然意味着不同舱位的乘客所具有的逃生条件不同，如与甲板和救生艇的距离等。那么，又是什么影响着人们的舱位等级呢？从表面上看，是财富和权力，而财富和权力，

---

[1] 晋军：《结构的力量："泰坦尼克号"上的生与死》，《读书》2016年第8期，第77—83页。

恰恰又是所谓"社会阶层"的重要构成因素。如果我们的讨论只是到此为止，那么这不过是揭示了"有钱比没钱要安全"的常识而已，"社会结构"显然不是用财富与权力可以简单概括的概念。

其次，当时的美国移民法规定，为了防止偷渡和传染病，三等舱乘客要全程与二等舱、一等舱的乘客隔离，因此，当时的船上在二等舱和三等舱之间是有着只有船员才能打开的隔离门的，这也造成了三等舱乘客逃生的不便。这意味着也许存在这样一种可能性，就是即便你很有钱，但是由于你被认为是有偷渡或者传染病嫌疑的人，那么你也只能购买三等舱的船票。那么，究竟具有何种特征的人，会被认为具有这两个嫌疑呢？当时的一等舱和二等舱的乘客大多为英美人士，而三等舱的乘客大多为想要偷渡到美国去的移民，很多人还不会讲英语，因此，听不懂讲英语的船员的逃生指令也成了三等舱乘客生还率低的重要因素。也因此，除了"社会阶层"，当时的"泰坦尼克号"上还有着出于移民等各种考虑而设置的结构性机制，这些机制背后，其实是国别、语言、人种以及肤色。

最后，根据后来的数据统计，全船402名女性乘客中，有296人获救，生还率超过70%；而全船的805名男性乘客中，只有146人获救，生还率还不到20%。在这里，性别就构成了重要的结构要素。不仅如此,船上当时还有109名儿童,其中有56人获救,超过50%。这里的结构性要素就是年龄。出现这样的情况是因为当沉船事故发生时,船员和男性乘客都比较严格地遵循着"女士和儿童优先登上救生艇"这一原则。

行文至此,我们可以看到,阶层、性别、年龄构成了"泰坦尼克号"上的重要结构性要素,如果更细致来说,就是财富、地位、国别、性别、年龄等。这些,就是我在开头说的看不见的"社会结构"。在"社会结构"的意义上,哪里存在"我命由我不由天"呢?

社会结构的本质:群体的分类系统

社会结构实际上就是社会中的各种"分类机制",或者我们可以将其称为"分类系统"。今天我们经常会提到"中产阶层""工薪阶层"等,其实这就是各种分类机制中的一种,也是现代社会中最典型的结构性要素,甚至包括我们今天说的各种"地图炮",不也是一个分类系统吗?仔细想想,你会发现现代社会除了前面所讲到的职业与分工系统的复杂化这个典型特征,还有一个重要的特征,那就是社会分类机制的复杂化与多样化。不同国家、文明,其社会结构的构成要素并不完全一样，除了上面所说的这些财富、性别等具有共性的要素，还有其他要素。比如，在美国，种族、肤色和宗教信仰就是非常重要的结构性要素；而对于中国人而言，基于地缘而形成的同乡关系，基于血缘而形成的亲属关系和宗族关系，则会变得更为突出。再比如，城乡就是一个重要的分类机制，也是重要的社会结构要素。已经有研究表明，近年来北京大学、清华大学等高校所录取的农村考生比例"渐趋下降"——因为今天的高考试题的内容和文字表达本身，就更容易被在城市环境中长大的孩子所理解和接受，因此"寒门再难出贵子"成了一个大家关注的话题。而在印度，一直延续至今的种姓制度则是重要的分类机制，也是我们所说的具有鲜明特色的社会结构要素。

综括而言，现代社会尽管存在着某些普遍的规律，以及共同的发展趋势，但是不同文明和国家都有着各自不同的历史脉络，因此不同国家也都有着不尽相同的分类系统。在美国的社会科学研究领域，特别是社会学领域，有三个重要的分支方向是当前最为主流的研究方向，即教育社会学、性别社会学以及种族问题。我们仔细想想，这三个会成为美国社会学的主要研究方向就和美国这个国家的立国根基有着莫大的联系。一般认为，平等是美国社会的重要"意识形态"，那么这里蕴含着一个非常致命的问题：既然平等是其"立国之本"，而同时人天然又存在着诸多先赋性的不平等要素，那么这样一个国家的

06 结构与行动：群体的"身份标识"是如何产生的？

"自我预设"就是一定要通过各种制度安排来弥合这种出身的不平等。在诸多不平等的弥合机制中，教育又是最为重要的，因为"知识改变命运"是大多数现代人相信的真理；同样地，性别不平等以及美国社会根深蒂固的种族不平等问题都同教育不平等问题一道，构成着对其国家内核的冲击。法国著名的社会学家皮埃尔·布尔迪厄（Pierre Bourdieu）曾经做过一个系统研究，研究成果以三部曲的方式出版，这三本书的名字分别叫作《继承人：大学生与文化》《国家精英：名牌大学与群体精神》和《再生产：一种教育系统理论的要点》。他通过研究无情地揭示了西方社会的一个残酷事实，那就是几乎所有被认为可以弥合出身不平等的制度设计都出现了"失灵"的情况。简单来说，那些继承了一个国家最重要资源的群体依然是权贵阶层，因此他所谓的"再生产"，实际上是指"不平等"的再生产。这恰恰体现了"社会结构"的重要力量。

实际上，在马克思整个学说中占据着重要位置的阶级理论，其本质也是一个社会分类系统。只不过，马克思以其极具洞察力的理论眼光，独到地发现了现代社会分类系统中出现的新现象。那么，究竟什么是马克思意义上的"阶级"呢？在马克思看来，阶级其实就是基于人所处的生产结构（生产关系）中的位置而形成的群体。简单来说，一个打工人，不论他肤色、人种、语言、习惯如何，如果他是一个在生产流水线按照计件工资制进行工作的工人，那么这意味着实际上他除了自己身体所具有的劳动能力，不再占有任何生产资料——生产流水线不是他买的，厂房不是他买的，在这个意义上，他就属于无产阶级；与之相对应的，占有生产资料，购买上述这些生产资料的人，也就是企业主，则是资产阶级；不仅如此，马克思的阶级理论更为复杂。比如，在同一企业中从事同一工种的两个工人，一个是黑人，一个是白人；一个信仰伊斯兰教，一个信仰基督教；一个不会说英语，一个会说英语，那么这两个差异如此之大的人，又如何可能构成一个阶级呢？这就需要这两个人共同认识到，他们都处在生产关系中的同一位置，并由此形成了共同的阶级意识。由此，我们可以看到的是，现代社会中的社会结构更迭，并不是简单地由后来的结构要素取代之前的结构要素，而是不同结构性要素相互影响，不断叠加的历史进程。

社会结构的二重性：先赋性与可变性

这些我们提到过的客观存在而又不易被肉眼直观察觉的结构性力量，无时无刻不在发挥着作用。而且，这些结构性要素还在随着社会的发展变化而不断地衍生。一个客观的事实是，

06 结构与行动：群体的"身份标识"是如何产生的？

出生在一线城市的人和出生在贫困山区的人，有着并不相同的成长条件和成功机会；一个毕业于政法院校的法学学生总是比一个毕业于非政法院校的法学学生更容易获得在法律系统的就业机会——因为前者的很多师兄师姐就在公检法以及律所中任职；一个出生于殷实之家的人，比一个出生在工薪阶层家庭的人，更容易在北上广深安家落户。当我们说"门当户对"对于婚姻来说还是很重要的时候，先不要急着指责"封建"和"保守"，这句话的本质，是在讲结构的力量。

讲到这里，也请读者不必过分悲观。因为上面我所讲的，更多的是社会结构的"先赋性"特征，但是先赋性只是社会结构的一个维度，它还有另一个重要的维度，就是"可变性"。社会学的思维方式，不仅注重发现社会中结构性要素的变化和这些要素的作用，还强调行动的力量。让我们再回到"泰坦尼克号"的故事里面来。在诸多有关"沉船生存率"的数据中，有一组数据很有意思，就是在各种排列组合而成的群体中，当时聚集于甲板左舷的男性乘客的生还率，要远低于甲板右舷的男性乘客。这又是为什么呢？"泰坦尼克号"沉船事故发生时，船上组织乘客登上救生艇毫无疑问都遵循着"女性和儿童优先"的原则，但是，在具体执行的时候，当时分别在左、右两舷负责组织乘客登上逃生艇的两位船员对这一原则的理解并不相同。根据当时的登船记录，在右舷的船员默多克是按照

"甲板上的女性和儿童应先于甲板上的男性登船"的原则执行的，也就是说，如果甲板右舷上的女性和儿童都已经登上了救生艇，但是救生艇还有空位，那么男性可以登艇；而在左舷的船员莱托勒则是按照"全船的女性和儿童优先"的原则来具体执行的，也就是说在他看来，即使左舷上聚集的所有女性和儿童都登上了救生艇，救生艇上还有空位，那么左舷上的男性也不能登艇，因为"全船一定还有未登艇的女性和儿童"，这也就造成了甲板左舷的男性乘客的生还率较低。[1]

我们不必去追问和评判两位船员的做法谁对谁错，我是想告诉大家，结构是有着巨大力量的，但是这并不意味着事情的发展一定会完全按照结构所预定的路径前行。因为具体的人的行动会在很多时刻改变结构的效果，这就是结构要素的可变性特征。其实，在我们的日常生活中，这样的例子也比比皆是。比如，并不是每个成长于贫困地区的人都不能在财富、职业、学术等领域取得成功；也有很多看上去在年龄、相貌、收入、学历等方面大相径庭的两个人组成家庭后生活得很是美满和幸福。

一个现代人回答"我是谁"这个问题的过程，是一种自我呈现的过程，也是我们制造现代人的"身份标识"的过程。在

---

[1] 何江穗：《行动的重量："泰坦尼克号"生与死的另一面》，《读书》2019年第6期，第42—49页。

06 结构与行动：群体的"身份标识"是如何产生的？

这个制造"身份标识"的过程中，由群体所构造的先赋性结构要素以及后天的个体行动在同时起着作用，而结构与行动既是社会学观察和分析问题的一柄利刃，又是这门学问重要的思维方式。一方面，对社会结构的分析能够帮助我们厘清现代社会的构成要素，以及这些要素所产生的作用与力量；另一方面，对人的行动的考察，能够帮助我们理解结构性力量的失效以及结构本身的改变。

或许，我们都是被困在"系统"和"结构"里的人，无时无刻不感受到焦虑。在本书导论部分，我就已经讲到过，现代社会既许诺了你人生的无限可能性，又无时无刻不在给你的无限可能设置各种障碍，这些障碍就是存在于我们社会生活中的各种各样的"结构"，这种有限与无限之间、自由与限制之间、出身与平等之间的差异，不断塑造着现代人的紧张，因此，我才说这是一种"结构性紧张"。然而，其实我们也大可不必对"结构"有过多的抱怨与批评，之所以称其为"社会结构"，就是因为作为构成社会的每个个体其实也都参与了这个结构的"制造"过程，我们每个人的行动选择其实也都在潜移默化中改变着这个结构。紧张，固然是现代人的宿命；克服紧张并与之共生，则是现代人的使命。

延伸阅读

［法］埃米尔·涂尔干:《社会学方法的准则》,狄玉明译,商务印书馆 1995 年版。

［德］诺贝特·埃利亚斯:《个体的社会》,翟三江、陆兴华译,译林出版社 2003 年版。

［法］布尔迪厄:《文化资本与社会炼金术:布尔迪厄访谈录》,包亚明译,上海人民出版社 1997 年版。

现代社会的特征

07
职业与分工：现代社会为什么是由一群"社畜"组成的？

07 职业与分工：现代社会为什么是由一群"社畜"组成的？

在第三章中，我们主要分析了财产与劳动是如何构成现代社会的基础架构，进而不断塑造着"视财如命"这一现代群体的普遍特征的。实际上，趋利避害本身就是人的内在属性的一部分，现代文明又赋予了"追逐利润"这一过去被认为是"贪婪"行为的正当性。不仅如此，我们还会看到，现代人的财产获取，实际上是在具有"自由"与"平等"意涵的劳动过程中实现的。而更为重要的是，劳动还通过复杂的职业与分工系统成为现代群体生活的主要场域：对于现代国家而言，一个国家的就业情况和失业率已成为政治最为关切的问题之一，因为这关系到一个国家整体的经济实力与财富水平；对于现代个体而言，能不能有一份理想的职业，或者至少有一份能够养家糊口的工作，已成为普遍的焦虑。甚至，现代人纵然找到了工作，也会从人变成"打工人"，甚至演化成一种"新型社会生物"——"社畜"，不断地在"躺平"与"内卷"之间徘徊，既苦不堪言，又无法脱离。

那么，职业生活，对现代人到底意味着什么？好好的一个人，怎么一旦进入职场与社会分工的链条中，就变成"社畜"了呢？与之相比，更为令人不解的问题是，到底什么样的工作算是一份理想的职业呢？

我做大学老师之后，有一次和我教过的几个临近毕业的学生聊天，我问他们："快毕业了，有什么打算吗？有什么职业规划吗？"沉寂了一会儿，一个学生说："也没什么具体的规划，走一步看一步。"我又问："你有没有想从事的职业啊？是想去企业还是想去政府部门？对什么岗位有兴趣呢？"

学生说："老师，我真没什么梦想的职业，能生存下来就好啦！"听到这里，我特别希望自己可以问他一句"你有什么梦想"，话到嘴边，又咽了回去，因为我深知毕业生前途未定，生活不易，压力巨大，不忍问出如此没有人道精神的话。

没想到，这位学生开口说："哎呀，老师，我知道您要说什么。其实我从上幼儿园、小学的时候就不停地被老师、亲戚问'长大了想做什么？'，我小时候还特别傻，回答想做科学家。其实现在看，我真的没什么职业理想，如果非说有，我就希望我的工作可以是那种'钱多、活儿少、离家近'的工作。"于是乎，一个最终极的"灵魂拷问"无情地冲击着我的神经：我们所处的这个时代，"钱多、活儿少、离家近"真的是理想的职业选择吗？

07 职业与分工：现代社会为什么是由一群"社畜"组成的？

"内卷"的"系统人"：从"困在系统里的外卖骑手"说起

2020年9月8日，一篇名为《外卖骑手，困在系统里》的自媒体公众号文章开始在朋友圈被大量转发，并在很短的时间内成为一篇爆款的特稿文章，从而引发了大众的高度关注与讨论。从表面上看，这篇特稿为读者呈现的是以外卖骑手为代表的从业者群体的职业生活样态，特别是具体而生动地剖析了系统及其"精神内核"——算法对整个骑手职业生活的精准控制，或者说平台通过系统对劳动者的"剥削"。但更为值得玩味的是，这篇文章同样还引发了其他职业人的共鸣。无论是金融行业还是互联网行业，精英白领们正在被KPI绩效考核体系所捆绑；而在高校，青年教师与科研人员则被牢牢地困在"非升即走"的绩效考核体系中。

与这篇爆款文章几乎同时走红的，还有"内卷"这个词。作为一名社会学研究者，"内卷"成为网络热词引发了我的好奇。正如在前文提到的，"内卷"是人类学家格尔茨发明的伟大概念。当时的我，仔细查找了一下"内卷"一词爆红的导火线，我发现它来自一张在网络上引发热议的照片，即国内某顶尖高校的一名学生，一边骑着自行车一边在手提电脑上做着课堂展示所需要用的PPT。一时间，这位学生被网友戏称为"卷王"。

看到这里，我不由得想起了外卖骑手。如果说外卖骑手、快递员是被平台背后算法系统所支配的话，那么今天高校中的大学生，则是被"培养方案"和"绩点"所支配——他们为了绩点不断地展开"内卷"式的竞争，他们一年中数不清要上多少门课，参加多少形形色色的项目，而目的只有一个：在围绕绩点的竞争中尽可能排名靠前，从而在保研或者找工作的竞争序列中取得尽可能多的机会。而这一切，似乎只是为了找到一份"钱多、活儿少、离家近"的工作。

职业生活，到底对现代人意味着什么？在这一章中，这将是我们重点讨论的问题。

职业系统：现代群体的生活形态

在有关劳动与财产的讨论中，我们已经讨论过为什么"劳动是人的本质属性"，这本质上同现代社会对平等、自由的规定有着密切关系，因此劳动与财产成了现代群体性情倾向的内在基础架构。但是需要注意的是，劳动和职业，并不能够完全等同起来。在现代文明的语境下，职业有着深刻而特殊的含义，这里面最重要的一点就是，经由职业体系所构造的社会分工系统，最大程度地刻画了现代群体的组织形态，并且重构了

07 职业与分工：现代社会为什么是由一群"社畜"组成的？

人与人之间的关系。

我们今天经常挂在嘴边的一句话是"做事要专业"。我们还经常说"要用专业的人干专业的事"。如果用社会学的眼光来看待"职业"这个词，我们会发现，它已经成了今天个体之间发生关联的最重要方式。

所谓现代文明，除了人们在政治观念上经历了从"君权神授"到"主权在民"的转换，还有两个重要的维度，即经济贸易从过去的自给自足的自然经济转变为大范围频繁交换的市场经济，以及生产的工业化革命。实际上，后两者往往是紧密联系在一起的：一方面，工业文明时代的到来以及机械化生产流水线的普及，使人类具备了前所未有的批量生产用于商业交易的产品的剩余的能力；另一方面，这样一种单纯用于商业交易的产品的大量出现，也带来了商业与贸易的发展，更进一步催生了人类推广工业逻辑的动力。那么，工业生产最重要的逻辑又是什么呢？就是将一个产品的生产过程进行精确的、标准化的流程切割，每一个环节上的工人，都有着固定的工作内容，而每个岗位上的人的工作质量、效率，又可以被精确测量，并最后体现为薪酬。我们不妨想象一下，无论是在制造业企业中的流水线上工作的插件工人，还是在写字楼里为了自身的KPI而工作的白领，这些处在职业领域中的现代人，如同机器零件一般，被整个生产流程紧密地整合到一起，一旦哪一个环节出了问题，整个流程都将无法正常运转。

喜剧电影大师卓别林有一部经典电影，叫作《摩登时代》，这部电影的海报就是一堆彼此镶嵌在一起的齿轮，而卓别林就处在齿轮与齿轮的缝隙中，甚至成为齿轮的一部分（图1）。实际上，这部电影是对工业时代的一种隐喻。更为重要的是，现代人的生活世界，其实正是建立在这样如同齿轮般彼此咬合在一起的分工系统上。对于个体而言，每个人在自己的职业领域内被绩效、流程、标准等死死拿捏；对于整体而言，整个社会的分工体系越来越细密，就如同一台精密运转且永不停息的

图1：电影《摩登时代》海报

07 职业与分工：现代社会为什么是由一群"社畜"组成的？

机器一样。那么，这又意味着什么呢？用最简单的话说，我们今天完成一件事，虽然效率在提高，速度在加快，但在这个过程中越来越多的素不相识的人被卷入其中。我用吃饭这件事来举例子。在自给自足的自然经济状态下，吃饭几乎只涉及吃饭的主体，从种植粮食和蔬菜到最后上桌，几乎都在主体的家里面完成；即便是在 20 年前，做饭也几乎是每个个体独立生活所必需的技能。然而到了今天，想要吃饭只需拿出手机，打开外卖客户端完成下单就可以了。但是仔细想来，我们只是一个简单的下单动作，却"裹挟"进了平台派单、商户接单、食材加工烹饪、送外卖等多个环节。这些环节的执行者，又分别属于不同的行业：商户（餐馆）属于饮食业，平台本质上属于互联网行业，而外卖骑手则属于物流业。至于食材生产，其本身就蕴含和牵涉着无数行业。如果再往外进行一些扩展性思考就会发现，这个链条远远没有完结，因为饮食行业还涉及食品安全的监管，商家的生产经营活动又要和工商税务、消防安全等发生关联。如此一来，很多行业，很多陌生人，都因为你"点外卖"这个看上去个人的行为产生了不可或缺的关联。总的来说，其实现代人既没有看不起其他行业的本钱，因为你的生活，其实取决于别人的工作；也没有看不起自己行业的必要，因为你的工作，其实在无形中影响甚至决定着很多人的生活。大家就这样，在不知不觉中联结在一起。现代人给这样的联结方式赋予了一个很好听的名词——"专业化",或者称为"职业化"。所以,与韦伯齐名的法国社会学家涂尔干最著名的作品的名字,就叫作《社会分工论》,职业也就这样成为现代人彼此联结在一起的最重要的纽带。

如果你认为涂尔干的《社会分工论》是在讲"职场规则"或者"社会中的职业类型",那就大错特错了。实际上,涂尔干看到了现代社会越来越细密、越来越分化的分工系统,进而,他透过现代社会的分工机制,观察到人与人联结机制的古今之变,并将其概括为机械团结与有机团结。他认为,社会越原始,构成它的个体之间就越具有相似性。[1]这种具有高度相似性的个体之间所形成的联结方式,被涂尔干称为机械团结。无论文明程度高低,技术水平如何,经济贸易是否发达,有着何种宗教信仰,作为物种的人类都是群居性动物。然而,在现代来临之前,人类更多是和同质性的人交往,并且和同质性的人达成联结机制。由此,才有了所谓的宗教狂热和集体情感,这种团结机制背后的"基础架构"乃是地缘、血缘以及共同的宗教基础,更多是一种"先赋性"的要素。然而,当现代来临之后,人与人之间的联结方式开始发生重大的变化。人们的交往范围、贸易范围变得比之前广阔得多,人类也告别精耕细作

---

[1] [法]埃米尔·涂尔干:《社会分工论》,渠敬东译,生活·读书·新知三联书店2017年版,第93页。

07 职业与分工：现代社会为什么是由一群"社畜"组成的？

的小农生产或者逐水草而居的游牧生活，进入流水线作业的工厂或者有着严格业务流程的写字楼。现代人如同机器的齿轮一样，在和陌生人的协作中共同完成着一项项职业工作，并且挣取着自己或高或低的薪水。现代社会通过职业分工将越来越多的异质性的人联结在一起，涂尔干就将这种团结模式称为"有机团结"。

所以说，机械团结与有机团结之间，并不只是同质性与异质性的差异，同时还是先赋性与后赋性的差异。有机团结得以形成的基础架构包括法律规范、经济契约等一系列后赋性机制。通过这些后赋性机制，异质性的人群，包括跨越国家、文明的人群，得以团结起来。总体来说，现代社会通过职业分工体系重塑了人与人联结的底层逻辑。

职业生活何以神圣：天职（calling）的神圣性及其道德性

如果说职业生活构造着现代群体最主要的生活样态的话，那么前文的所有讨论，更多的是从"社会"的角度以及个体生计的角度展开的——因为你的生活离不开他人的工作，而你的工作又在无形中影响和决定着他人的生活。那么，具体到每个个体而言，职业生活又意味着什么呢？按照今天我们的通常理解，无非是"饭碗"而已，但其实职业在现代思想史中有着远超于此的意义。

对于现代群体而言，职业是具有神圣性的。或许你会说，这个没什么可好奇的，无非是在强调职业本身的"奉献"属性。其实并不然，马克斯·韦伯的《新教伦理与资本主义精神》虽然很薄，但却系统地回答了这样一个问题：为什么现代资本主义制度率先在西方产生。如果是卡尔·马克思，他会从生产力与技术革新所带来的社会变革给出解释。但是韦伯不一样，他认为，基督教的宗教改革为资本主义的秩序奠定了文明基础。那么，这场改革究竟是怎样的呢？

简单来说，在基督新教改革之前，世界上绝大多数宗教都是和贪婪、欲望等这些人类的本性相对抗的，因此"节制"与"节俭"是大多数宗教的内在要求。然而，基督新教的改革彻底改变了这一状态。它不仅不反对，而且鼓励人们在现世生活中追求财富。改革后的基督新教认为，人在现世努力工作，积累财富，赚取利润，并不意味着人的贪婪和视财如命，而是在证明着上帝的荣耀，换句话说，人只有在现实生活中认真地对待自己的职业，并不断积累财富，才能证明自己是上帝的选民。

如此一来，人在现实生活中所从事的养家糊口的工作，就不再只是"饭碗"这样简单，而是成了天职，即英文中的

07 职业与分工：现代社会为什么是由一群"社畜"组成的？

calling，它有天神、神召的含义。就像韦伯所说的，这个词的意思就是"上帝安排的任务"[1]。韦伯异常敏锐地观察到，现代思想中这样一种天职观的出现，实际上乃是路德所主持的宗教改革的一个"非意图后果"。改革后的基督新教认为，一个人如果放弃了现世的责任就是自私的表现，是在逃避尘世的义务。相反，履行天职的劳动在韦伯看来是博爱的外在表现。[2]

现代社会中的职业由于"天职观"的存在而具有了神圣性，然而，职业与分工的意义还不只于此，因为它实际上还蕴含着更为坚厚的道德属性。本章中我们提到的另一位对社会分工展开研究的社会学家涂尔干，他对职业与社会分工的讨论实际上完全不同于功利主义的看法。正如我们在前面所指出的，涂尔干实际上将职业系统与分工体系看作一个社会组织化的过程，不仅如此，涂尔干还认为现代社会中的职业系统是公民道德培育的重要场域。他认为，所谓道德，是群体的事物，它是由规范构成的，可以是群体中的个人按照规范行动。[3]在前现代社会中，家庭、宗教以及小的部落共同体所属的政治领域，实

---

[1] [德]马克斯·韦伯：《新教伦理与资本主义精神》，阎克文译，上海人民出版社2018年版，第241页。
[2] [德]马克斯·韦伯：《新教伦理与资本主义精神》，阎克文译，上海人民出版社2018年版，第243页。
[3] [法]埃米尔·涂尔干：《职业伦理与公民道德》，渠敬东译，商务印书馆2015年版，第7页。

际上都是道德培育的场所；但是现代社会与之不同，一个由异质性人群组成的职业系统，起到了规范人道德行为的作用，这就是我们经常说的职业伦理。

不妨想一下，尽管我们从理性上都知道要将公德与私德分开，但是在更多时候，我们对很多职业（如教师、法官、政治家、文体明星等）都有着比常人更高的伦理规范要求，也就是我们所说的职业伦理与公民道德之间的关联。

走出"社畜"状态：现代社会的可能性

我们已经揭示了职业生活对于现代人而言所具有的神圣性和道德性，然而现实的疑问却始终困扰着我们：今天的现代人工作的时候，时时刻刻都在体验着这种神圣性吗？又有多少人能够将自己所从事的职业当作"天职"呢？这些问题的答案是显而易见的。如果大多数人能体验天职的神圣性，"社畜"怎么会流行开来呢？所谓"社畜"，不过是指不再将人当作人看待，而是将人看作如同"畜"一般的动物，或者说是生产环节中的某个零件，抑或某个要素而已。

当现代社会的几乎全部环节都在告诉我们职业和专业的重要性的时候，当商品社会的一系列具体机制都在完美地契合着

07 职业与分工：现代社会为什么是由一群"社畜"组成的？

现代人不断被激发出来的物质需求的时候，迫在眉睫的问题其实是：能不能找到饭碗？这个饭碗能不能满足我衣食住行的需要？能不能更大概率地给我提供更好的物质享受？相比之下，职业本身的神圣性早就被我们抛到九霄云外了。但是，抛到云端并不意味着并不存在。职业的神圣性就像断了线的风筝，尽管离我们很远，甚至已经找寻不到，但我们总会在闲下来的时候想起那只好看的风筝；职业的神圣性又像早已成为你最熟悉的陌生人的初恋，尽管他或她已经不再频繁出现在你的日常生活里，却总是在不经意间被你想起。

职业对于现代社会的每个成员来说，不仅重要，而且不可或缺。这种不可或缺不仅在于它是每个个体的生存基础，还在于它就是现代人本身，也是现代社会将人群组装成一套严密运转的机器的重要方式。你大可以痛恨它，却无法真正离开它。因为我们每个人都要知道，你的职业和专业，不仅在成就你自己，同时也构成了现代社会这个大机器的重要一环，发挥着或许微不足道却不可或缺的作用。现代人可以说孤独，但永远不要轻易说孤单，只要你打开外卖客户端，你就会在不经意间和他人联结在一起，而如何走出"物"和"社畜"的存在状态，则是每个现代人终生面临的课题。

延伸阅读

[法]埃米尔·涂尔干:《社会分工论》,渠敬东译,生活·读书·新知三联书店2017年版。

[法]埃米尔·涂尔干:《职业伦理与公民道德》,渠敬东译,商务印书馆2015年版。

[美]安德鲁·阿伯特:《职业系统:论专业技能的劳动分工》,李荣山译,商务印书馆2016年版。

08
家庭与家族:"家"为什么依然是现代社会的基本形态?

08 家庭与家族："家"为什么依然是现代社会的基本形态？

"家"到底意味着什么？

在几乎所有类型的文明系统中，"家"都是一个占据着极重分量的概念。"家人""家庭""家乡"这些词语，都蕴含着人类社会最珍视的价值。家，对于人类来说，到底意味着什么呢？

当面对这个问题的时候，我们会想到很多答案。大多数人第一时间会想到自己的父母——因为是他们给了我们生命，一般而言，父母也是大多数人一生最为亲近和信赖的人；我们还会想到自己的爷爷奶奶、外公外婆，因为我们很多人都是在他们的照看和宠溺下长大的。提到"家"，我们还会想到爸妈做的家常菜，特别是对于今天漂泊在外的游子而言，最好吃的饭一定不是什么山珍海味，而是"家里的味道"。不然，我们怎么会有这么多饭馆都是以家人的"亲属称谓"命名的，如"外婆家"等，而且很多餐厅还会以"×××家常菜"作为自己的名字和商标。家意味着温暖、可靠、习惯以及内心深处的依恋。而家人，则是"至亲之人"。

当然，"家"和"家人"留给我们的，未见得全部都是美好的意象。几年前，悬疑剧《隐秘的角落》引发了大家的热捧，同时也带来了围绕"原生家庭"和"童年阴影"的讨论。尽管说电视剧里的剧情看看就好，毕竟就算它可能"源于生活"，也一定是"高于生活"的。可反观我们自己的日常生活，其实很多年轻人和父母的关系并不是很融洽，家人亲戚之间，也不都是一片欢乐祥和、其乐融融。很多人可能早就厌倦了来自父母和七大姑八大姨的催婚催生的压力；父母和子女之间，似乎越来越难以形成真正的理解。此外，无论是生活中，还是电视节目上，大家也都一定听说过因为赡养老人、遗产继承而产生的各种纠纷官司与"伦理大戏"。然而，无论好坏，我们都必须承认的是，家在我们的现实世界和情感世界中，都占据着非常重要甚至无可取代的地位。

或许你会说，上面这些例子都是来源于中国人的生活世界，西方人比我们更"现代"，也就比我们更加推崇"个人主义"，"家""家族""家庭"对他们来说没那么重要。这类认知和说法显然是简单粗暴又有失公允的。如果大家看过经典电影《教父》就会发现，西方人也有着很强的家族观念；《唐顿庄园》所讲的，也是经典的家族故事。这说明无论宗教信仰和政

08 家庭与家族："家"为什么依然是现代社会的基本形态？

治制度有着多大的差别，基于血缘而成的亲情，基于亲情而生出的对"家"的重视，乃是人类社会的一种普遍价值。

如果从学术的角度来看，"家"是构成人类群体的最基础组织形态，而且这种组织形态还有着非常独特的地方：一方面，在所有人类的群体类型中，家是唯一以"血缘"这种生物性关系所形成的单位；另一方面，"家"这个概念的内涵、外延在不同的文明系统和不同的历史时期中不尽相同，在大众的思潮中，对"家"所蕴含的价值理念的评价，也截然不同。

从《非孝》到萧红：时代的棱镜

"慈母手中线，游子身上衣。"

"烽火连三月，家书抵万金。"

"洛阳城里见秋风，欲作家书意万重。"

…………

在中国的诗词传统中，存在着大量以"家"为核心意象的描写。一般而言，诗歌是"咏怀"和"明志"的，这也从一个侧面反映了"家"的重要性。我们经常会说，中国人有着很强的家庭观念，甚至中国社会的很多地方有着发达的宗族观念和宗族系统，我们也经常会将中国传统社会归类为"家长制"或者"父权制"的社会；而这种状态在19世纪末20世纪初的一段时间内遭到了强烈的冲击与严肃的批判。

我们先来讲两个历史故事。

中国共产党早期的重要革命干部、浙江金华青年学子施存统于1919年11月在当时的革命进步刊物《浙江新潮》第2期上发表了一篇文章《非孝》，轰动一时，并且引发了整个社会层面的广泛讨论。尽管这篇文章原文在很长一段时间内佚失了，但是其大概内容流传甚广。这篇文章之所以在当时引起了如此之大的反响，是因为其中心思想在于批判中国传统文化中"孝道"和"家"的观念，认为三纲五常、三纲六纪等传统社会所提倡的"家的伦理"，其背后乃是宗法血缘的封建家长制。而在当时新文化运动和五四运动的双重影响下，社会舆论普遍认为中国社会中的宗法血缘系统是影响国家与社会进步的根本原因。施存统的这篇《非孝》，实际上就是在阐发这种观点，对当时父亲和家族所具有的封建权威展开了尖锐的批判，希望以此激发大众"个体意识"的觉醒。

另外一个故事，也发生在20世纪初的中国。以反对封建家长制为核心的社会思潮的广泛传播，启发了一大批当时的新青年，也改变了他们的生命历程。萧红是有名的左翼女作家，她在短暂的生命旅程中写出了大量出色的文学作品，而且还有着在今人看来仍然称得上"先锋"的传奇生涯。最早，萧红不顾

08 家庭与家族:"家"为什么依然是现代社会的基本形态?

家庭反对离家出走,和自己的未婚夫汪恩甲在哈尔滨同居后怀孕,在未婚夫不辞而别的情况下,萧红结识了萧军,在萧军的照顾下生下孩子,后与萧军共同生活。再往后,两人共同从当时日伪统治下的哈尔滨经青岛逃至上海,在鲁迅的支持下全身心投入左翼文学的创作工作,并大力进行抗战宣传。1936年,萧红因为与萧军感情破裂,只身东渡日本,半年后才回国。1937年卢沟桥事变之后,萧军、萧红撤退至武汉,结识了同为东北籍的青年作家端木蕻良,从而形成一个很有影响力的东北作家群,创作了大量以"抗日"为主题的文学作品。1938年5月,萧红与端木蕻良在武汉结婚,并于当年产下一子。

以上这些简短的叙述,其实根本不足以全景式地呈现萧红作为当时的新女性重要代表的传奇一生,但是却足以凸显当时普遍的社会思潮。放在今天,大家可能不会对一个女性有着如此复杂的情感和婚姻经历过于惊讶,但是在那个时代,这足以令人称其为"奇女子"——实际上,即便到了今天,围绕以萧红为代表的当时的新女性,还存在着诸多的争议。

本章轻描淡写地讲述这两则故事,并不是想去评判其中的是非对错,也无意对"传统道德究竟应不应该彻底被否定"之类的"辩论式"议题做出高下判断,而是尝试揭示一下这两则故事背后所依据的"家"及其观念的复杂意象。

血缘与宗法：最小群体组织的内在逻辑

我们先来看看第一个故事。施存统的《非孝》，痛陈当时被诟病已久的中国家族制度之弊，而这个家族制度，又是以血缘宗法为核心。我们经常说，中国传统社会，乃至今天的社会，都是被儒家思想所深刻影响的。儒家思想如此广博，它的核心到底是什么呢？其中很重要的一点就是"名分"，儒家讲究"正名安分"：名，指的是一个人在群体结构中所处的位置和所扮演的角色；分，则是说一个人所处的位置和角色的行为规范。在传统社会中，有一种基本的说法，叫作"君君，臣臣，父父，子子"，其意思就是说，做君主的，就要有做君主的样子，要按照"君主"这个角色所赋予的规范去做事；做臣子的，也要符合"臣子"的规范；同样地，做父亲的和做儿子的，也应该按照各自的角色要求去行动。所以，我们才会说，"父慈子孝，兄友弟恭"。人从一出生，就天然地被嵌套在各种各样的关系中，在现代社会中，这种被嵌套的关系层级更多，类型也更多——比如你是哪里人，你的"原生家庭"所在社会阶层（或者叫作"家庭出身"），你是哪国人，等等。但在前现代社会中，这个嵌套关系层级较少。然而无论是何种历史时期，我们与父母所形成的"家"的关系是具有天然确定性的——因为你可以没有子女，没有兄弟，但只要是个人，就一

08 家庭与家族:"家"为什么依然是现代社会的基本形态?

定会有父母。

这种天然的"确定性",使"家"的关系在构造整个社会系统时占据了最为核心的位置。然而,以上这些不足以说明"家"的复杂性。因为家内的关系,不只是基于血缘而形成的"亲"的关系,还有"尊"。所谓"尊",简单地说就是尊卑。一听到这个词,大家先不要想到"卑"是个贬义词。因为这里的尊卑,指的是人在家庭伦理结构中所处的结构是不一样的。比如,所谓"父子",其实就不只是有亲情,儿子对于父亲,总是有着某种"敬畏"与"尊敬"的感情,这里的敬畏与尊敬,以及父亲的威严,其实就来自你们处于家庭结构中不同的代际。不仅如此,这种"家内"的结构还会往外推延扩展。在传统社会中,皇帝不只是君主,同时也是天下人的"父亲",皇帝自己也将天下人视为自己的"子民"。所以,我们才会把"君臣父子"放在一起来谈论。

那么,这就是所谓的宗法制度了吗?还不完整。我们都知道,人类历史上经历过"封建"时期。那么如果只是从"封建"的本义来看,"封建"指的是封邦建国。在周天子统一天下之后,他按照血缘逻辑进行了"分封"。所谓分封,就是只有自己的嫡长子能够继承自己的天子之位,而其他的儿子,则被封为诸侯王到各地去。更有意思的是,一个封到地方做诸侯王的皇子,也只有他的嫡长子可以继承他的诸侯之位,其余的

127

孩子还要再行分封,这就是所谓的"别子另封"。同时,在周代的时候,这些封国之内,是完全由诸侯实行自治的,天子并不会对诸侯国内部的行政事务与日常治理过多干预,诸侯与天子的关系,就是拱卫天子的关系。这就是我们日常所说的"血缘封建制",也就是所谓的"宗法系统"。这样的一种封建制度显然是存在着巨大弊病的——它无法保证继承天子之位的那个嫡长子一定是最有能力的,因此,有能力的诸侯很容易做大做强,甚至反对天子——这才有了后来秦始皇统一六国之后的"废封建,行郡县"。简单地说,就是将过去的"天子—诸侯"关系变成"中央—地方"关系,地方官的任命与治理,不能脱离君主和中央的控制与裁断。

但是,在秦始皇这里,"封建"尽管废除了,但是宗法并没有废除掉。这是什么意思呢?就是说基于血缘关系而形成的亲属制度没有改变,而基于亲属制度而形成的一整套人伦规范也没有根本变化。"君君,臣臣,父父,子子"依然在日常生活世界中起着很大的作用。君为臣纲、父为子纲、夫为妻纲的纲常伦理依然支配着所有人的日常生活。也正是"宗法"本质上并未废除,整个中国传统帝国的形态就是在这样的"家"的逻辑下所构造的。

如果我们只是谈"家"观念之下的"血缘之亲"的逻辑,那么这似乎和"专制家长制"搭不上界,正是因为"血缘之亲"

08 家庭与家族:"家"为什么依然是现代社会的基本形态?

与"名分之尊"这两种内在逻辑是共同构造宗法制度的,我们到了清末民初的时候才会认为这种宗法血缘的家长制度是压抑人的自由与个性发展的,是斩断创造力的。同时,这种宗法血缘对人的压制是全方位的——"子承父业""父母之命,媒妁之言""门当户对"等一系列在传统社会中"合乎常规"的做法,在新思潮广泛传播之下,自然也就成了被批判的对象。

或许你会说,这里只是中国,而不是西方的情况。其实,尽管西方传统社会与中国传统社会有着很多差异,但是以历史的眼光来看,它实际上在很长时间内也是被"家长制"和"父权制"所支配的。约翰·洛克的《政府论》被认为是给现代资产阶级的代议制奠定理论基础的著作。这本书分为上、下两篇,如果你翻开上篇就会发现,洛克是通过对《圣经》的重新解读来批判西方社会中的"父权制"思想,进而对"君权神授"的思想进行了系统批驳,才进而奠定了"主权在民"的现代思想。可见,"家"在中西方的历史进程中,都曾经起到了非常重要的作用,也都在各自不同的历史时期,被认为是对"自由"的阻碍和对个性的压抑。

不过,尽管封建家长制在形式上已经不复存在了,但是"家"的形态、"家"的观念,以及"家"作为一种群体组织形态所重视的某些"伦理规范",依然在今天的社会生活中被保留下来,还在潜移默化地影响着我们的生活。

婚姻与家庭：不确定的缘分与确定性的血缘

现在，我们再来看看第二个故事中的萧红。萧红的人生经历曾经多次被搬上银幕，写成传记文学，这都和她的情感经历有关。有人认为，萧红是个敢爱敢恨的女子；也有人认为，萧红是个放荡不羁的女子。但是，这些都不是本章所要讨论的问题。我想通过萧红的故事所讨论的，是"婚姻与家庭"的问题。同时，这个问题也关系到中国与西方在现代家庭问题上的不同之处。

究竟什么是"家庭"？其实，单纯用"血缘至亲"来描述并不准确，准确地说应该是"血脉相连"。为什么这么说呢？如果再向前推演就会发现，其实血缘关系的出现有一个前提，就是人类繁衍后代，只不过人类的文明程度比动物要高很多，所以人类社会才会将"繁衍后代"这件事制度化——婚姻制度。

爱情是婚姻的必要基础，其实这是一种非常典型的，也是被现代人深信不疑的价值观念。但是漫长的传统社会中，无论是中国还是西方，婚姻与爱情之间，都没有直接的、必然的联系。《礼记·昏义》中就明确写道："昏礼者，将合二姓之好，上以事宗庙，而下以继后世也，故君子重之。"而《圣经·旧约·创世记》中也有过这样的表述："神就照着自己的形象造

08 家庭与家族："家"为什么依然是现代社会的基本形态？

人,乃是照着他的形象造男造女。神就赐福给他们,又对他们说,要生养众多,遍满地面。"

上述这两段关于婚姻的表述分属于东西方两种文明系统,但它们的共同点在于,婚姻都只和人类的种族延续有关,而和现代人所习惯的"爱情"无关。我之所以说用"血脉相连"来形容"家庭"更为妥帖,就是因为其实我们的父母之间,是没有血缘关系的。在传统时代,父母相识结为夫妻更多是依赖于"媒妁之言",而媒婆则需要充分考虑男女之间的"门当户对"这些社会结构性要素;身处现代的我们,很多时候建立了"爱情—婚姻"的正当性序列,依靠"缘分""爱情"而缔结婚姻。但是,无论是哪一种,父母之间从生物学意义上说,其实都只是"路人"。恰恰是在结成夫妻特别是生儿育女之后,才让本来没有什么先赋性确定关系的两个人,因为孩子的存在而形成了确定性关系:两个人无论感情好坏,甚至无论后面的婚姻关系是否能够在法理意义上和现实意义上存续,也无论两个人是否反目成仇,但总有一件事情无法改变——这两个人是孩子生物学意义上的父母。这种关系具有不可变更的确定性。因此,爱情的姻缘也好,媒妁的牵线也罢,实际上都是经由不确定性缘分而组成的确定性的"家"。如果说传统的夫妻纲常和现代的婚姻法只是给这种不确定性的关系加上了一个外在强制性保障的话,那么孩子的出生,才将不确定的姻缘变成了高度

131

确定性的血缘。在传统时代，中西方历史语境中的"家"，在这一点上具有共同的逻辑。

然而，更早进入现代化进程的西方，率先做出了改变——夫妻之间基于"爱"而产生的情感联结的重要性越来越大于"生育"的生物学功能和联姻的政治学功能。于是乎，家庭的内在意涵以及家庭内部的结构关系开始发生了变化。简单来说，在现代西方的观念系统中，夫妻关系已经变成了家庭结构的主要关系，夫妻之间的感情以及为了保障这种感情关系神圣性的诸多法律关系成为主轴。但是在中国社会中，这一历史进程迟缓了很多。甚至即便到当下，父母—子女之间的代际关系依然是家庭内部结构关系的主轴。这一结构性的差异，既是家庭内组织关系的差异，也是最基础的群体组织形态的差异。

何以为家："家"逻辑的拓展与中国社会的内在机理

著名社会学家费孝通先生在其著作《乡土中国》中这样写道：

> 家庭在西洋是一种界限分明的团体。如果有一位朋友写信给你说他将要"带了他的家庭"一起来看

08　家庭与家族:"家"为什么依然是现代社会的基本形态?

你,他很知道要和他一同来的是哪几个人。在中国,这句话是含糊得很。[1]

那么,为什么当中国人说"家"的时候,会很含糊呢?因为我们所理解的"家庭",不只是以父母、子女一代为基础的"核心家庭",还包括三代的"扩大家庭",甚至是扩展到更为复杂的亲属网络。

举个例子来说,对于我这样的"80后"而言,小时候最大的乐趣来自过年的玩乐,但小时候最大的困惑也来自过年。因为一到过年,就会有大量亲戚来家里做客,每到这时,我都分不清楚这些一年才见一次的"亲戚"的称谓。可以说,我们有着最为复杂的亲属称谓系统。

所以费孝通先生说:"这个'家'字可以说最能伸缩自如了。'家里的'可以指自己的太太一个人,'家门'可以指伯叔侄子一大批,'自家人'可以包罗任何要拉入自己的圈子,表示亲热的人物。自家人的范围是因时因地可伸缩的,大到数不清,真是天下可成一家。"[2]

再仔细想想,我们经常说的"修身、齐家、治国、平天下"何尝不是这样一个可以伸缩的系统?正如费孝通所说的,

---

[1] 费孝通:《乡土中国·生育制度·乡土重建》,商务印书馆2011年版,第26页。
[2] 费孝通:《乡土中国·生育制度·乡土重建》,商务印书馆2011年版,第27页。

在中国的社会系统和群体组织形态中,"家"是一个可以无限伸缩的范畴,这些范畴既有着血缘伦理中的确定性关系,如我们常说的"五服",又有着情感意义上的"亲疏远近"。不仅如此,我们理解与非血缘的人的关系,实际上也差不多是按照这个逻辑扩展的。"落地为兄弟,何必骨肉亲"这句诗不就是在说"我们不是兄弟胜似兄弟"吗?实际上,这恰恰体现了"家"的逻辑的重要性。

不仅如此,从宋代到现在,在中国社会中都出现了比"家"范围更大的群体形态,即家族和宗族。在中国的很多地方,特别是广义的华南地区(江西、福建、广东、广西等),我们进入村庄,就会发现祠堂;同时,我们还会发现很多村庄是"单姓聚居村",即同一个宗族在漫长的历史中世代在一个地方生活所形成的聚落形态。宗族并不只是一个文化意义上的概念,还有着实体的呈现。很多宗族有自己的祠堂,祠堂中供奉着祖先的牌位;他们还有自己的族谱,记载着一地一姓的绵延历史。很多宗族还会在每年举行祭祀祖先的仪式。甚至,还会在特定的历史状况下形成独特的居住形态——福建永定的土楼(围龙屋,图2)就是其中的典型。这种土楼具有多个面向的含义:它既是一个宗族或者几个宗族共同生活居住的聚落形态,也是明清之际抵御匪乱的军事堡垒。

尽管宗族、家族在中国不同地区的发达程度不尽相同,

08 家庭与家族:"家"为什么依然是现代社会的基本形态?

图2:世界物质文化遗产——福建永定土楼

但我们必须知道的是,它们不只是停留在历史书籍中的"知识",也不只是被用以纪念的文化传统,在很多地方,家、家族以及宗族的逻辑依然是生活世界中的底层逻辑,并且不断塑造着我们的生活世界。

费孝通先生最有名的一个社会学概念叫作"差序格局"。他曾经这样比喻:

> 西洋的社会有些像我们在田里捆柴,几根稻草束成一把,几把束成一扎,几扎束成一捆,几捆束成一挑。每一根柴在整个挑里都属于一定的捆、扎、把。每一根柴也都可以找到同把、同扎、同捆的柴,分扎

得清楚不会乱的。在社会,这些单位就是团体。我说西洋社会组织像捆柴就是想指明:他们常常由若干人组成一个个的团体。团体是有一定界限的,谁是团体里的人,谁是团体外的人,不能模糊,一定得分清楚。……我们的社会结构本身和西洋的格局是不相同的,我们的格局不是一捆一捆扎清楚的柴,而是好像把一块石头丢在水面上所发生的一圈圈推出去的波纹。每个人都是他社会影响所推出去的圈子的中心。被圈子的波纹所推及的就发生联系。每个人在某一时间某一地点所动用的圈子是不一定相同的。我们社会中最重要的亲属关系就是这种丢石头形成同心圆波纹的性质。亲属关系是根据生育和婚姻事实所发生的社会关系。从生育和婚姻所结成的网络,可以一直推出去包括无穷的人,过去的、现在的和未来的人物。[1]

在我看来,"差序格局"这一社会结构状态的存在,内在蕴含着"家"的基础逻辑。因为一层层推出去的波纹,其中心乃是每一个"我",而其向外推的"亲疏远近"的逻辑,起点又是我们都可以理解的"家人"的逻辑。因此,我们实质上是按

---

[1] 费孝通:《乡土中国·生育制度·乡土重建》,商务印书馆2011年版,第26—27页。

08 家庭与家族:"家"为什么依然是现代社会的基本形态?

照这样的逻辑在构造我们身处的各种群体类型。同时,还需要说明的是,"差序格局"的存在,并不意味着西方便没有"家"的观念,只不过它的"家"的观念,有着更为明晰的界限,而且缺少这样"外推"的逻辑,这也构成了中国与西方在社会、群体构成上的一个重大差别。

延伸阅读

费孝通:《乡土中国·生育制度·乡土重建》,商务印书馆2011年版。

瞿同祖:《中国封建社会》,商务印书馆2015年版。

林耀华:《金翼——中国家族制度的社会学研究》,庄孔韶、林宗成译商务印书馆2015年版。

09
网络与技术：互联网是如何塑造社会生活的？

09　网络与技术：互联网是如何塑造社会生活的？

世无孔子，谁能定是非真假？

记得早先少年时

大家诚诚恳恳

说一句是一句

清早上火车站

长街里暗无行人

卖豆浆的小店冒着热气

从前的日色变得慢

车，马，邮件都慢

一生只够爱一个人

…………

这是一首名为《从前慢》的诗歌，由木心创作。也不知道从什么时候开始，一种普遍的怀旧情绪开始蔓延，人们开始想念过去。尽管怀旧其实是一种人类的本能，但是当下的怀旧却不只是情怀，而是有着一定的内在指向性。人们开始怀念过去慢节奏的生活，怀念过去充满"人情味"的氛围，感慨过去人与人之间的面对面的真挚的交往。

现代人究竟怎么了？今天，我们的技术已经非常发达，技术发展与迭代的速度前所未有。20多年前，互联网对于大多数人来说还是个陌生的词语。直到1995年，中国邮电部电信总局分别在北京、上海开通64kb专线，开始向社会提供互联网接入服务；1996年，我上小学六年级的时候，学校里头一次开了电脑课，那时候学校用的教学电脑还是DOS操作系统，而不是Windows的可视化系统，还用的是5英寸的软盘。到了2003年我上本科的时候，全班16个男生，没有一个人有笔记本电脑。那个时候，很多同学打字还都是"一指禅"，想上网需要到学校的机房。互联网尚且如此，移动互联网就更是谈不上。大多数人上课的时候，哪怕遇到不感兴趣的课或者老师讲得枯燥无趣的课，大家更多的也是自己在下面看"闲书"，或者看各种报纸杂志——《南方周末》《体坛周报》《凤凰周刊》等，而不是刷手机——原因也很简单，那时候流行的手机还是蓝屏的诺基亚，里面的游戏除了"贪吃蛇"就是"华容道"，连"俄罗斯方块"都很少见。

09 网络与技术：互联网是如何塑造社会生活的？

从 1996 年算起到现在，不过 20 多年的时间，手机已经从一件奢侈的通信工具变成了我们人体延伸出的一个"器官"。我们几乎恨不得无时无刻不把自己的手、眼和脑子放在上面——这倒不是说我们有多贪玩，而是因为我们今天确实离不开移动互联网——地图导航、吃饭下单、购物结账、查询信息等。而随着新冠肺炎疫情的大流行，我们的工作也越来越多地通过手机客户端，如腾讯会议、钉钉、飞书等来完成。20 年前想都不敢想的多人实时视频通信已经成为大众的日常。我们在一次次互联网技术的革命中，彻头彻尾、永不回头地迈入了互联网的时代。或许你会说，互联网不过是一种技术手段而已，但现实真的是这样吗？

我们今天时不时会看到这样的讨论："假如有一个风景如画的海岛，让你去做守岛人，在上面待满 365 天，上面有足够的食品、水、书籍和报纸杂志以及运动用品，年薪 200 万元人民币，不过唯一的条件是不许带手机和电脑上岛，而且岛上也没有互联网，这样的工作，你愿意去吗？"今天的我们，还经常听到这样的说法："世界上最遥远的距离，不是你就在我面前，却不知道我爱你，而是你知道我爱你，我也就在你面前，可是你却在刷手机。"

互联网是一种技术，这没问题，但它更是一种生活方式，或者说是一种对现代人生活方式的最为深刻的塑造方式。美国社会学家卡斯特（Manuel Castells）曾经写了一本书，名叫《网络社会的崛起》，他写道："网络已经建构成了我们社会新的社会形态，而网络化逻辑的扩散实质性地改变了生产、经验、权力与文化过程中的操作和结果，网络已经成为我们社会中支配和变迁的关键根源。"[1]

互联网时代的到来，其实还带来了一系列悖论。我们先从它的"技术"属性说起。作为一项技术，互联网、移动互联网以及5G的广泛普及，使人们获取信息的速度空前加快，广度空前提升，这是毫无疑问的。今天我们只要打开手机，只要有网络连接，几乎就可以知道发生在世界任何地方的事情。从理论上来说，人类获得信息的渠道变多了，速度变快了，人类应该更有能力接近"真相"，但现实真的是这样吗？

早年间，由陈凯歌执导、高圆圆主演的一部电影，叫作《搜索》。这部电影讲的就是这样一个技术让人类"失真"的故事：一段视频突然在网络走红，视频内容是一个漂亮的女性在公交车上拒绝让座的一段对话。很快，当事人便遭到了全网"人肉搜索"、各种道德谴责和网络暴力。但是，在互联网上伸张正义的人们却不知道，当事人之所以没有让座，是因为她在上公交车之前刚刚被医生确诊为癌症晚期。

---

[1] ［美］曼纽尔·卡斯特：《网络社会的崛起》，夏铸九、王志弘等译，社会科学文献出版社2003年版，第569页。

09　网络与技术：互联网是如何塑造社会生活的？

实际上，类似电影《搜索》中的故事，在我们的现实生活中也在不断地上演，以致"网暴"和"社死"已经成了大众聚焦的一个问题。然而，在我看来，其背后的"底层问题"在于，技术的进步为什么没有让我们越来越接近真相，反而让我们不断"失真"？

不仅如此，互联网时代还有一个悖论。按照一般理解，人类今天获得了前所未有的联系彼此的能力，但是，现代人却陷入了空前的"孤独"，"宅""社恐"不仅成了人们的口头禅，同时也在成为人类生活的本身。我们不妨打开微信登录界面（图3）看一看。按道理，微信是今天几乎人人都使用的社交

图3：微信登录界面

软件，它有着强大的实时通信的功能，但是我们看看这个登录界面本身，一个人面对着整个星球，看上去，它可以联通全世界，可同时也是极致孤独的意象——因为在这张图上，有且只有一个人。

这又是为什么呢？为什么我们在一个彼此联结理应非常紧密的现代社会中，反而在水泥森林里过上了"离群索居"的社恐生活呢？要理解这些悖论，我们首先要理解互联网所塑造的群体生活的逻辑本质。

速度、流量与空心：互联网的群体逻辑本质

互联网空前地加快了信息提升的速度，同时也改变了过去信息传播的方式。在过去，人类接收信息的方式相对单一，听广播、看报纸、看电视。这些媒介传播方式存在着信息发布的滞后性、垄断性和单一性的特点。或许你会说，不对啊，电视有很多频道，广播也有很多节目，而报纸杂志更是琳琅满目，更何况还有一段时间有各大门户网站，怎么可能滞后和单一呢？

这里所说的滞后与单一，实际上是相对而言的，特别是相对于近10年来兴起的移动互联网。在今天这个自媒体大行其道

09 网络与技术：互联网是如何塑造社会生活的？

的时代，每个人的微博、朋友圈以及抖音、快手、"B站"的短视频和小红书，等等，都可以成为信息发布的终端。实际上，这就是"去中心化的分布式"信息传播模式，而且这一趋势还在不断加深——随着VR虚拟仿真技术的进一步深入和推广，随着脑机接口的实验展开，可以想见信息传播的速度和传播渠道的广度在未来还会得到飞速的提升。

笔者在这本书中的各个章节都提到过，现代文明的基础逻辑是工业文明，而工业的核心逻辑是流水线的标准化生产，这种逻辑强调的核心是通过技术手段空前提升生产的速率。同时，这一逻辑内核还具有极大的可复制性，它会蔓延和扩张到工业领域之外的全部生活世界。因此，对"速度"的追求已经成了现代社会和现代人的典型特征。我们的信息传播，也尤其重视这一点——微博热搜实时更新，新闻动态滚动传播。现代人在这样的技术架构下，已经形成了追求"速度"与"时效"的典型特点。

那么，对速度的近乎偏执的追求直接带来了第二群体性特征——"空心"。我们今天打开手机，随便登录一个资讯App的客户端，朋友圈也好，微博也罢，我们会发现涌来的是各种有用的或者无用的信息，而最先吸引眼球的，一定是那些能够捕捉我们普遍情绪的社会热点事件，如明星的绯闻、社会违法犯罪事件，或者如同前文中提到的类似电影《搜索》中所呈现

147

的故事。同时也催生了大量不明真相却有着朴素正义感的"吃瓜群众"。然而,现今的常态是,"瓜"不一定"保熟",而且剧情往往会出现不止一次的反转。为什么会这样呢?原因并不难理解。因为任何一个热点事件,它之所以吸引人,就是因为它可以在最短的时间内迅速抓取和捕获大多数人的"情感共鸣"以及"正义共鸣"。然而问题在于,每一个事件的发生,不论这件事或大或小,涉及的是公众人物还是平头百姓,都会有来龙去脉,都会有前因后果,事件的发生,有其原本的逻辑链条与具体情境,但是在对"速度"的追求下,在对捕捉"情感与正义的最大公约数"的情况下,这些东西都成为"冗余"而被省略掉了。我们还是以电影《搜索》为例,很少有人会追问,她到底是出于何种自身的原因而没有给公交车上的老人让座,而是会直接被截取的视频中所提供的画面所吸引,进而直接给出简单粗暴的判断——这个女人长得很好看,但是心灵很丑陋,连基本的尊老敬老都做不到,还恶语相向!这就是我们所说的"空心"特征:一方面,事件本身是被截取的,所涉人物的行动的意义,是完全被做了"抽空式"的理解;另一方面,同样空心的,还有发挥朴素正义感的"吃瓜群众"——因为他们中的大多数人,既没有时间,也没有精力去深入探究事件的来龙去脉,但是,大众又乐于通过互联网这种时间成本和技术成本极低的方式来表达自己的正义感,来表达自己是个有

09 网络与技术：互联网是如何塑造社会生活的？

血有肉、有主见的"现代人"。

速度、空心直接与第三个群体逻辑的典型特征有关，那就是"流量"。今天流行的 App，其实有很多都是以短视频生产为核心的互联网平台，它甚至已经成为一个有着完备程序的生产链条。每一条视频内容不能超过多少分钟，要在播放的前多少秒钟或者前多少分钟就能吸引人一直看下去而不是选择"滑走"。为此，开头讲什么，需要布置怎样的场景，什么样的背景音乐可以吸引人，甚至开头用什么语气、用何种语言风格、要讲怎样的故事、要树立什么样的人设，这些都是有一定的工序、流程与标准的。在上面这些要素与环节中，最重要的都是"如何能够让人点开这条视频"，这就是我们所说的"流量"。不仅是视频内容，今天的公众号文章实质上也在追求流量——衡量一个自媒体写手是否水平足够高，就要看他能不能写出"10 万 +"甚至"100 万 +"的"爆款"文章。

那么，"流量为王"背后的逻辑是什么呢？这里面含有两层逻辑。其一，追求流量，其中有着经济与资本逻辑的加持。在数据时代，一条视频、一篇文章，实质内容好不好并不是最关键的，最关键的是它的点击量、播放量与浏览量是多少，因为一旦这个数据上去了，这些内容的制作者就可以带来更大的影响力，进而就会有各种"商业"机会——带货、广告都会出现。毕竟，我们已经身处消费主义至上的消费社会中。其二，对流量的追求，还切合了一个现代以来的普遍思潮，那就是大众民主。为什么这样说呢？我们先不管流量是不是被"制造"出来的这个问题，"流量为王"的底层逻辑基础在于"多数的正义"。也就是，播放量越大，越意味着"大多数人的选择"。然而，如果这个"正当性"本身想要具有正当性，那么需要这些"多数"本身是具有理性思考能力的，是具有理智和清明的。但互联网的现实往往告诉我们，事实恐怕并非如此——不然的话，怎么会有这么多反转的"瓜"，又怎么会有这么多网络暴力的事情出现呢？

因此，互联网对于现代人而言，绝不只是"技术"这么简单，它正在深刻地改变着我们生活世界的基础架构，重新塑造着我们的生活方式、阅读方式、思考方式以及社交方式，也在潜移默化间改变着群体的心灵状态。

虚妄与迷狂：制造"乌合之众"？

"聚集成群的人，他们的感情和思想全部采取同一个方向，他们自觉的个性消失了，形成了一种集体心理。它无疑是暂时的，然而它确实表现出了一些非常明确的特点。这些聚集成群的人进入了一种状态，因为没有更好的说法，我姑且把它

09 网络与技术：互联网是如何塑造社会生活的？

称为一个'组织化群体'，或者换个也许更为可取的说法，一个'心理群体'。它形成了一种独特的存在，受群体精神统一定律的支配。"[1]

上述文字出自法国学者古斯塔夫·勒庞（Gustave Le Bon）的名著《乌合之众：大众心理研究》。在这本书中，他提出了一个很有意思的观点，即一群哪怕是素不相识的人聚合在一起的时候，在特定的仪式场景下，很容易生成某种情绪共鸣，进而形成某种群体心理，甚至会形成某种群体行动。然而，勒庞这本书的书名为"乌合之众"，其内在意味深长——在一个特定仪式场景下聚合起来的群体，其本质是被抽空了理性内核的"情绪动物"。尽管这本书已经出版很多年，其所讨论的内容也并不是互联网社会，但是它对于我们理解互联网时代技术进步所带来的"非意图后果"却颇有启发。

我们已经讨论了互联网技术作为一种现代生活的基础架构，其所塑造的"速度"、"流量"与"空心"的三个群体逻辑特征。在本章的最后，我们不妨再来深入讨论一下这些特征所带来的"非意图后果"：碎片、悬浮与极化。

第一，碎片。网络社会的信息传播，具有爆炸性的特征。特别是随着5G技术和自媒体的飞速发展，今天每个有智能手

---

[1] ［法］古斯塔夫·勒庞：《乌合之众：大众心理研究》，冯克利译，广西师范大学出版社2015年版，第61页。

机的人都可以成为信息制造与信息发布的终端，这是信息爆炸的具体体现。但与此同时，这样一种信息传播形态，也呈现出"碎片化"的特征。因为每个人都有着不同的人生经历和价值观，即便面对同一个现象或事件，也会有不同的解读与认知。因此，我们经由互联网和自媒体等了解到的爆炸式资讯，很多时候都只是一个整体事件的某个片段或者某个角度。今天的现代人，习惯刷3～5分钟的短视频，也不愿完整地观看一集电视剧，就算看，要么快进，要么倍速，而且过程中满屏弹幕；今天的现代人，宁愿读各种豆腐块的爆款短文章（这些文章还会温馨地提示"本文一共×××字，大概需要×分钟读完"），也不愿意花时间完整地读完一本书；今天的现代人，喜欢围绕热点事件发表观点、表达正义，却不愿意花时间仔细琢磨探究一下事情的来龙去脉与前因后果。我们习惯了"碎片化"式接收信息，片面理解事情，抽象表达观点。

第二，悬浮。人是动物，但人与其他动物之间有着明显的差异。这个差异就在于人本应是可以理性思考的动物，是可以对他者、社会、事件有着理解能力的动物，然而，网络社会在为现代人接受资讯和表达观点提供无限便利的同时，也非常意外地在"弱化"着人们的理性思考能力。我们悬浮于网络之上，而当网络变成我们生活的本身内容，当手机变成我们的"器官"之后，我们又悬浮于生活之上——我们不愿对"瓜"

做深入了解，不愿对复杂的文本深入阅读，不愿慢慢地将冗长的电视剧从头看到尾，甚至不愿意理解身边的人，不喜欢线下的社交与聚会，不想找朋友倾诉聊天，反而乐于去"树洞"这种完全匿名化的社交网络中表达自己的"隐秘"。再往后，我们甚至不愿意打电话而只愿意发微信，我们发微信的时候甚至不愿意用文字也不愿意用语音，只愿意发表情。这一系列状况都在明白无误地告诉我们，与其说现代人的状态是"孤独"，还不如说现代人的状态是"悬浮"。

第三，极化。网络社会彻底打破了过去的信息垄断，几乎人人都有随时随地表达自己观点、发表自己意见的可能。诚然，这样一种状态确实在一定程度上有利于真相的浮现和形成范围更广的舆论监督，因为几乎每个人参与公共讨论的门槛和成本已经大幅降低了，但是，我们不能忽视的是，这样一种公共舆论场，很多时候也存在着虚伪面向。

如上文所述，平等与自由是现代群体的共同价值根基，但同时，它们也带来一种现代性紧张。我们说，它们是一种现代性所带来的"终极魅惑"。在网络时代，互联网不仅为大众提供了无数可以发表看法与观点的"案例"和机会，同时还在技术手段的加持下将参与讨论的时间成本和技术成本降到了最低。但是，在"碎片"与"悬浮"的状态下，又有多少人还在秉持着"理智与清明"来看待层出不穷的热点事件呢？朴素的正义感与道德观本来是人珍贵的本质属性——它意味着人之为人的同情、善良与悲悯。但是，一旦我们在不明真相的情况下，只是凭借我们看到的诸种"表象"或者是被断章取义的片段，只是凭借我们各种"话术"所捕捉到的"情绪的最大公约数"而展开批判的话，那么，这种朴素的正义感与道德观就很容易走向它的反面——我们很容易将抽象的正义与道德放置在最高的位置，并以其为武器展开批判，以此表达个人的意见。似乎这样，"我"的个性、"我"的自由都得到了伸张。然而，这样的表达是抽象的，也是极化的，因为在这个过程中，"我"并没有对事件进行"理性思考"。这里的"自我"，是"虚空无物"的。长此以往，当越来越多的人按照这样的方式面对生活本身，这样的一种抽象的思维、极化的逻辑就会渐渐成为群体的普遍逻辑，进而会催生群体内部的情绪对立、立场分裂以及大量的暴力式无效沟通。

在这些环节中，我们会发现，"理解"已经成了稀缺品——但是，理解，理解他者，理解他者的生命世界，本来是人类作为群体、作为物种存活于世的最不可或缺的能力——因为只有建立在理解与有效沟通基础上的善良与同情，才能真正避免人类进入"一切人反对一切人"的战争状态。如何避免在网络时代进入"乌合之众"的群体心理状态，走出"碎片""悬浮""极化"的存在状态，是现代人逃无可逃、必须面对的时代课题。

09 网络与技术：互联网是如何塑造社会生活的？

延伸阅读

［法］古斯塔夫·勒庞：《乌合之众：大众心理研究》，冯克利译，广西师范大学出版社2015年版。

［美］曼纽尔·卡斯特：《网络社会的崛起》，夏铸九、王志弘等译，社会科学文献出版社2003年版。

［加拿大］马歇尔·麦克卢汉：《理解媒介：论人的延伸》，何道宽译，译林出版社2019年版。

10
宗教与政治:"上帝死了"之后,社会秩序又如何可能?

10 宗教与政治:"上帝死了"之后,社会秩序又如何可能?

上帝真的死了吗?

"魔鬼曾对我说:'上帝也有他的地狱:就是对世人的爱。'最近我听到魔鬼说这句话:'上帝死掉了;上帝死于他对世人的同情。'"[1] 上面这段话出自尼采,也经常被大家简化成"尼采曾经说,上帝死了"。尼采为什么这样说呢?"上帝"真的存在吗?"上帝"又为什么会死去呢?上帝死后,人又要怎么办呢?

读到这些文字,也许你会感觉自己可能是走错了"片场",因为上面这一连串的问题背后,似乎都属于形而上的哲学问题,甚至看上去都是没有答案的问题。在围绕现代群体的同一价值基础、普遍特征以及社会架构接连展开讨论之后,为

---

[1] [德]尼采:《查拉图斯特拉如是说》,钱春绮译,生活·读书·新知三联书店2007年版,第96页。

什么我们要在这一部分讨论尼采有关"上帝死了"的论断呢?实际上,尽管以自由与平等为核心的思想观念不断形塑着现代人的内在价值,财产与劳动又为现代人从容地通过职业手段谋取利润、追逐财富提供了正当性基础,而建立在工业化基础之上的愈加繁杂的职业与分工体系为现代人提供了最为关键的生活样态,但是现代人的日常生活世界的生成,还有一个重要的底层逻辑,就是宗教与政治在经历了数千年的分分合合,特别是现代以来的"政教分离"过程之后,塑造了现代群体的基础秩序。或许大家会好奇,尼采的话和政教分离有什么关系?进而,"政治"与"宗教"这两个听上去无甚关联的语词,又有什么内在联系呢?

我们都知道,从文艺复兴到启蒙运动,科学与理性成为现代人的重要身份标识与自我认同,而技术进步与商贸的发达又成为现代社会的外在表征,但是我们不能忽略现代性对现代人的根本塑造,即大写的"人"站了起来。前现代社会中的人,其实都是上帝与神的某种"附庸"的存在,宗教在人类的政治与社会秩序中起到了至关重要的作用。但是,经过了宗教改革和现代性洗礼的现代人已经不再是上帝的附属物,而是有着独立人格、自由思想、平等地位的大写的"人",在此之上所建立的群体秩序,已然是着眼于现世与此生的政治秩序。这才是尼采所谓"上帝死了"的内在含义。

10　宗教与政治:"上帝死了"之后,社会秩序又如何可能?

那么,政治与宗教,在漫长的人类社会的演进中,又是怎样的关系?它们之间的纠葛关系又是如何影响群体秩序的呢?若要理解这些问题,我们先要从通俗意义上理解究竟什么是政治,什么是宗教。

一提到政治,我们很容易联想到权力、政党乃至战争,我们想到的是权谋争夺、纵横捭阖;而一谈到宗教,庄严的基督教堂、神秘的得道高僧则会浮现在我们的脑海,而且蒙上了一层庄严、肃穆乃至不可名状的神秘色彩。对于政治学家来说,政治的本质就是权力的来源、分配与执行;而对于宗教学家来说,宗教的本质则是价值与意义、此世与来生、原罪与救赎这类终极问题。政治与宗教,一个现实一个超脱,一个理性一个迷狂。如果将它们做拟人化的处理,我们很难想象这两个性格迥异的人会在历史中产生怎样的机缘与关联。但是历史的现实却恰恰相反,政治与宗教始终死死地纠缠在一起,这又是为什么呢?

因为不管它们各自的本质是什么,也不论它们所关心的究竟是形而上的神圣问题还是形而下的权力问题,它们都关乎秩序这一人类社会的基础,而且也都在用自己的力量和方式不断塑造着这个基础秩序。它们的关系如同言情小说中那些既苦苦相恋又互相伤害的痴男怨女,不断上演着分分合合、相爱相杀的悲喜剧。所谓现代文明中的政教分离,实际上就是《圣经·新约》中的那句"恺撒的归恺撒,上帝的归上帝"。具体来说,就是在西方现代化的历史进程中,原本同时掌握着世俗权力和宗教权力的、有着巨大能量的教会系统"出让了"自己的一部分权力,将世俗社会的统治权力交给了政治领域的君主,而自己"退回"到了纯粹的形而上的宗教领域。那么,这一切究竟又有着怎样的内在逻辑?它又意味着什么呢?在西方世界中所发生的这场政教分离,又对整体的人类世界产生了怎样的影响呢?这就是本章我们将要重点讨论的问题。

政教纠葛的非意图后果:耶路撒冷的血与沙

无论你是否关注国际新闻,也无论你是否了解世界历史,你一定会知道中东地区那已经延续了数十年的战火和硝烟。我们不妨先来细数一下历次中东战争。

第一次中东战争,缘起于阿拉伯国家不承认联合国关于巴勒斯坦和以色列双方独立建国的决定,同时也由于巴勒斯坦土地极度不公平的分割,最终引发冲突。这场战争于1948年5月爆发,持续到1949年3月,最终以埃及为核心的阿拉伯联军战败,而以色列军队在西方国家的支持下取得了胜利。在这样的情况下,以色列分别和埃及、叙利亚、约旦、黎巴嫩等国签订

10　宗教与政治："上帝死了"之后，社会秩序又如何可能？

了和平协定，以色列占领了巴勒斯坦总面积的80%。

第二次中东战争又称为苏伊士运河战争，起源于埃及与以色列关于苏伊士运河和蒂朗海峡的控制权争夺。在英法的支持下，以色列于1956年10月发动战争，双方于1956年11月停火，以色列撤离加沙地区和西奈半岛，但是取得了通过蒂朗海峡的航行权。

第三次中东战争是在巴勒斯坦解放组织成立后爆发的。1964年，巴勒斯坦各界代表在阿拉伯联盟的支持下，组成了巴勒斯坦解放组织执行委员会，并且建立了武装力量"法塔赫"，不断袭击以色列。最终，1967年5月以色列与埃及爆发冲突，先后占领耶路撒冷东城区、约旦河西岸以及戈兰高地，后约旦、埃及、叙利亚先后同意停火，战争宣告结束。

第四次中东战争爆发于1973年10月，当时埃及和叙利亚尝试夺回在之前的战争中失去的土地，这场战争最终在联合国的调停下停战，但是也使以色列国内的强硬派再次抬头，加大了对阿拉伯国家的戒心。

第五次中东战争又被称为以色列入侵黎巴嫩战争，爆发于1982年6月，以色列出兵黎巴嫩，试图消灭在黎巴嫩南部的巴勒斯坦解放组织。第七届联合国大会紧急特别会议通过决议，要求以色列立即停火，并无条件撤军，而巴勒斯坦解放组织则撤离黎巴嫩贝鲁特地区。9月16日至18日，爆发了震惊世界的贝鲁特大屠杀。随后经联合国斡旋，最终各方达成一致，以色列全面撤出黎巴嫩，战争宣告结束。

如果你觉得这五次中东战争结束之后，整个中东地区就走上了和平发展的康庄大道的话，那你就大错特错了。从1990年的因伊拉克入侵科威特所爆发的海湾战争到2003年英美联军以伊拉克藏有大规模杀伤性武器为由发动第二次海湾战争为止，伊拉克成了阿拉伯国家与西方世界对垒的又一战场。然而，上述这些，还不够为历史写下休止符。2001年10月至2016年7月，以美国为首的西方国家对"基地"组织和塔利班的战争持续了十余年；2011年年初，在"阿拉伯之春"的思潮下，叙利亚政府与"伊斯兰国"、叙利亚反对派组织之间的冲突爆发并一直持续至今。

很多国际关系的专家学者，都从意识形态、争夺石油资源、地缘政治等角度对这些问题做过分析。这些分析都有各自的道理，但是在我看来，这些冲突背后，都有着共同的基础逻辑，那就是突如其来的现代性所引发的政治与宗教的全面对决。如何理解这种对决呢？我们不妨先回到前文所提到的"恺撒的归恺撒，上帝的归上帝"。实际上，这里的"上帝"指的是宗教，这点不用解释；而"恺撒"则是当时统治巴勒斯坦地区的最高当局的罗马帝国皇帝的统称，故而用来指代政治。简单来说，就是人的世俗行为与日常生活交由政治权力，也就是

10　宗教与政治："上帝死了"之后，社会秩序又如何可能？

国家和政府进行处理；而人的精神世界与灵魂安顿则交给宗教权力，也就是教会进行处理。更具体来说，政治处理人的行为问题，宗教处理人的灵魂问题，二者井水不犯河水。或许你会觉得，这样一种"铁路警察，各管一段"式的秩序挺理想的，应该也不难实现吧？实际上，政治与宗教的分离虽然称不上是什么历史悠久的事情，但在现实操作层面也并没有这么简单。只有理解了这一层面，我们才能读懂"耶路撒冷的血与沙"背后的逻辑，也才能理解现代基础秩序背后宗教与政治的"分合作用"。

政治：权力的游戏何以成为群体的秩序？

在通俗意义上，人家对政治的理解可能更多地停留在"心计""权谋"等字眼上。当然，如果按照一般的学术理论来展开，往往又会将人类政治的历史进步概括为从"君权神授"到"天赋民权"的演化，并且将这样一种变化视为文明进步的表现，是现代文明的重要"标识"。然而，理解"政治"二字却并非只有这一个维度。究竟什么是政治？它是一套权力的游戏，还是一种人与人之间的秩序生成呢？

如前文所说，洛克的《政府论》从理论上勾画了现代文明中的政治权力与社会秩序的基本轮廓。在洛克看来，人类最初处在一种自然状态之中，而在自然状态中的人类受到的乃是最初的平等与自由的自然法规约——在第二章中我提到，平等是人人都有同等享受自然资源以维持自我保存的权利，而自由则是每个人都可以在生活中、劳动中充分施展自己的自由意志。但是，洛克同时指出，这样一种状态由于缺少明文法的约束，同时加之人趋利避害乃至贪婪的本性，实际上很容易造成这样一种局面：每个人都可以以自己的自由为名侵害他人的生存，自然状态很容易因为缺少明文法的规定而被破坏。进而，洛克指出，人类必须结成政治契约，组成政府。在这个过程中，实际上每个个体是让渡了自己的一部分权利给政府，并且与政府形成了一种契约。由此，构造了现代政治的基本格局。对于政治共同体而言，政府有着两项基本职能：一方面，要保证政治共同体内部的秩序，不陷入战争状态；另一方面，要确保本共同体的利益不被其他的政治共同体所侵害。

这样一种有关现代政治的设计奠定了现代国家的基本形态。但是，如果我们就此认为这就是"政治"的本质，那就想得太简单了。实际上，与资本主义几乎同时兴起的现代政治还有一点与古典政治截然不同。为什么这样说呢？亚里士多德有句名言：人是城邦的动物。这是什么意思呢？简单地说，政治的作用是要培养城邦公民善良的内心和勇敢的品性，因此，"good"（善）成了英语世界中非常重要的词语和概念。所以，古典政治的核心理念，在于培养人的内在心性与品格。但是现代政治是非常典型的"停在表面"的政治，只通过法律、契约、制度、政策等规范人的行为，而并不去直接触及人的内心。换言之，现代政治，只看行为与结果，不问动机，由此形成现代秩序的内在基础。如此一来，一个新的问题出现了：人内心的心性、价值、道德都归谁管了呢？这就和宗教有着密切的关系了，同时也和我们这一章集中讨论的政教关系有关。

政教分合：争斗与妥协的双螺旋结构

"宗教"这个词要比政治史难解释，甚至至今都没有完全一致的界定方式。涂尔干曾经这样说道："有种很普遍的看法，认为一切宗教都具有超自然的特征。这意味着，各类宗教事物都超出了我们知识的范围，超自然世界是一个神秘的、不可知的、无法理解的世界。"[1] 宗教毫无疑问地带有神秘主义的色彩，同时更是有着处理彼岸世界与统摄人灵魂世界的效果。实际

---

1 ［法］埃米尔·涂尔干：《宗教生活的基本形式》，渠东、汲喆译，上海人民出版社1999年版，第29页。

上，在人类文明的历史演进过程中，无论是伊斯兰文明还是基督教世界，宗教都曾经长时间地在人类秩序生成中起到过至关重要的作用——它不仅规定了人存在的意义，规定了人死后的命运，同时一样规定了人此世生活的样式。简单来说，宗教也并不仅局限于"灵魂安顿"和"彼岸世界"，而是要进一步规范人在世俗生活中的行为举止，所以才会有我们常常在欧美电影中看到的修道院和宗教裁判所，也才会有历史上那些自诩为正统的宗教对异教徒的驱赶与裁决。此外，像伊斯兰教、印度教之类的宗教，一直都深深扎根于人们的日常生活世界——直到今天，印度都还是一个以种姓为核心的社会；而在阿拉伯国家中，还存在着女性被禁止进入公共剧院和体育场观看比赛或演出，在公共场所也必须蒙面的规约；有些伊斯兰国家甚至至今保留着一夫多妻制的婚姻形态。与其说这些是某种日积月累形成的文化或者习俗，还不如说这是宗教对世俗生活所做出的界定与规范。在现代社会来临之前，世界上很多文明一直保持着"政教合一"的形态，尽管在有些历史时期，会出现政治权力与宗教权力的对抗、冲突，但这两者就像是对"爱"充满着执着信念的人，都希望可以从行为到心灵、从身体到灵魂全部地占据人类这种动物。

而且在很长一段时间内，宗教权力（教主）在同世俗政治权力（君主）的较量中都居于上风，个中原因实际上也并不难

10 宗教与政治:"上帝死了"之后,社会秩序又如何可能?

理解。在理性与科学尚未发达,大写的"人"尚未站起来的时代,君主本身都是神的附属物,也就很容易成为教会权力的附庸。直到以思想启蒙、技术进步为核心内容的现代社会率先在西方社会登上历史舞台,西方文明出现了"政教分离"的历史过程。所谓政教分离,就是之前我们所说的"恺撒的归恺撒,上帝的归上帝"。这又带来了一系列具体的变化:"君权神授"的宗教理念被"主权在民"的政治观念所取代,以平等的选举权利为核心内容的代议制民主也成了西方的主要政治制度;现代文明将法律作为规制个体行为的基础秩序与规范。这一切被我们称为"进步"和"文明"的现象,其背后都蕴含着这样一个事实:现代西方政治,以制度和法律的方式来规范人的行为,而这种规范和治理只关涉人的行为,与心灵和道德则不直接发生关联。那么,心灵和道德怎么办呢?很简单,交由宗教进行处理。正是在这样的情况下,宗教与政治这对相爱相杀的"情人"以现代为起点,开始分道扬镳。

如果文明演进的故事到此为止,那么"世界和平"就不会再是上帝的头号难题。当西方现代政治以一个快乐的单身汉形态展现着自由带给他的新生和力量的时候,这场以"民主政治、市场经济、法治体系"为核心的现代化进程开始向世界范围扩散。在这一扩散的过程中,只处理人的行为的、停在表面的政治,遭遇了来自不同文明的强烈抵抗。例如,很多以伊斯兰教为主要宗教信仰的国家尽管在形式上实行了现代政治体系，但宗教在国家的政治运行中依然发挥着重要作用。

讲到这里，一个新的问题又浮现出来了：为什么政治与宗教，在西方现代化的进程中可以分离呢？实际上，伟大的社会学家马克斯·韦伯在一百多年前提出了类似的问题。韦伯一生著述极多，多到至今《韦伯全集》还没有完整的中文译本。他写了如此多的书，只是为了回答资本主义文明为何率先在西方产生这一问题，而且他从非常有趣的角度进行了回答。

一方面，韦伯发现，"工业"的最大特点是将生产过程切分为各个可以精确计算和精确控制的环节，这就带来了更为细密的职业分工，也就是我们今天经常说的"专业化"；而专业化带来了生产效率的飞速提高，由此，现代人开始尝试将专业化的逻辑贯串到日常生活的全部方面，在政治、文化等方面也不例外。因此，"分离"与"各负其责"成了现代性带给人类社会的重大变化。

另一方面，韦伯还发现，17世纪之后基督新教的改革开启了西方宗教的"祛魅"过程。所谓"祛魅"，也就是宗教世俗化的进程。简单来说，经过了宗教改革的基督教，不再将积累财富、追逐利润视作人性的贪婪加以排斥，而是积极鼓励，并且做了这样一种设定：人在此生不断积累财富，乃是证明自己

10 宗教与政治:"上帝死了"之后,社会秩序又如何可能?

是上帝的选民,证明着上帝的荣耀。如此一来,改革后的基督教不再像其他宗教那样,以遥远而不可见的"天堂"来塑造人的心灵和行为,而是以这样现实的方式让宗教以"隐秘"的方式进入世俗生活的各个角落。

所以说,现代性促成了西方社会中政治与宗教的分离。然而,这种分离并不彻底,也不完美,特别是当现代性试图将这样一种分离方式施加于其他文明之上的时候,遭遇了顽强而激烈的抵抗。"阿拉伯之春"还是"阿拉伯之冬"也就成了一个待解的命题。

政治与宗教,在不同文明、不同历史时期扮演着不同的角色,并持续上演着分分合合的悲喜剧。在人类文明的序列进入"现代"这个节点之后,这两者的分离趋势越发明显,也在不同文明土壤中不断生产着紧张、冲突甚至战争——它们走得太远了,以致在很多时候忘记了"本是同根生"的历史渊源。

延伸阅读

[法]埃米尔·涂尔干:《宗教生活的基本形式》,渠东、汲喆译,上海人民出版社 1999 年版。

[德]马克斯·韦伯:《宗教社会学·宗教与世界》,康乐、简惠美译,上海三联书店 2021 年版。

杨庆堃:《中国社会中的宗教:宗教的现代社会功能与其历史因素之研究》,范丽珠译,四川人民出版社 2016 年版。

11
荒蛮与理性：现代社会是如何被规训的？

11 荒蛮与理性：现代社会是如何被规训的？

公开酷刑的消失

"达米安（Damiens）因谋刺国王而被判处'在巴黎教堂大门前公开认罪'，他应'乘坐囚车，身穿囚衣，手持两磅重的蜡烛'，'被送到格列夫广场。那里将搭起行刑台，用烧红的铁钳撕开他的胸膛和四肢上的肉，用硫磺烧焦他持着弑君凶器的右手，再将熔化的铅汁、沸滚的松香、蜡和硫磺浇入撕裂的伤口，然后四马分肢，最后焚尸扬灰'。"[1]

上面这段文字出自法国著名的思想家米歇尔·福柯的名著《规训与惩罚》的开篇。其实在这本书中，有大量这样的历史细节的描写。尽管福柯这本书讲述的是西方历史，但是如果看过古装电视剧，或者看过一些历史小说和文学作品，你就会发

---

[1] ［法］米歇尔·福柯：《规训与惩罚》，刘北成、杨远婴译，生活·读书·新知三联书店 2012 年版，第 3 页。

现，其中也有大量类似的对公开处刑的描写。那么，为什么这些公开对罪犯的肉体实施酷刑的场景随着历史的演进而逐渐"消失不见"了呢？实际上，福柯的这本书其实就是要回答这个问题。他敏锐地观察到，从19世纪开始，这样残忍的肉体刑罚开始在西方社会中大规模消失。福柯指出："这是一个重要的历史时刻。惩罚景观的旧伙伴——肉体和鲜血——隐退了。一个新角色戴着面具登上舞台。"[1]福柯这里所说的"新的角色"，究竟是指什么呢？

实际上，不只是在西方，在其他文明中，人类自从进入"现代"这个历史时刻，这种公开处刑的场面也越来越少了，取代它的是通过现代司法体系对犯人进行"理性"的审判，进而将其投入监狱进行"改造"。这样一种方式，被视为人类从"荒蛮"迈入"理性"的进步。为什么这种变化会被冠以"理性"和"文明"呢？

愚人船的隐喻

"在所有这些具有浪漫色彩或讽刺意味的舟船中，只有愚

---

[1] ［法］米歇尔·福柯：《规训与惩罚》，刘北成、杨远婴译，生活·读书·新知三联书店2012年版，第17页。

11 荒蛮与理性：现代社会是如何被规训的？

人船是唯一真实的，因为它们确实存在过。这种船载着那些神经错乱的乘客从一个城镇航行到另一个城镇。疯人因此便过着一种轻松自在的流浪生活。城镇将他们驱逐出去；在没有把他们托付给商旅或香客队伍时，他们被准许在空旷的农村流浪。"[1]

这些文字出自福柯的另一本名著——《疯癫与文明》。在这本书里，福柯开篇便提到了愚人船与麻风病这两个意象。其实，这两个意象都意味着一种排斥性机制，或者说是流放与隔离，实际上乃是一种社会区分机制。福柯发现，尽管作为传染性疾病的麻风病在欧洲中世纪之时就已经消失了，但是当初对麻风病的隔离机制与隔离机构却并未消失，甚至还在起着新的作用——这就是疯人院，也就是我们常说的"精神病院"。他犀利地指出，在现代文明到来，特别是医学作为一种彰显着理性精神的科学而出现的时候，精神病院或者说"疯人院"这样一种实质的"区分"机制也同样被认为是理性与文明的进步。对此，福柯以同样的方式提出了自己的问题：这真的意味着理性与文明吗？

---

[1] ［法］米歇尔·福柯：《疯癫与文明》，刘北成、杨远婴译，生活·读书·新知三联书店2019年版，第11页。

现代社会中的规训：群体的治理术

对于当下的现代人而言，历史是如同一条直线般演进的，这就是所谓的"线性史观"。这种线性史观所带来的直接结果就是"未来"一定比"现在"更进步，"现在"则一定比"过去"更进步。而自从进入现代性的历史时刻之后，我们普遍会认为作为群体和物种而存在的现代人总体上更加文明了，也更加理性了——尽管在二战中出现了惨绝人寰的大屠杀，但是这并不妨碍我们现代人自诩"理性"与"文明"。然而，理性与文明真的只是一味地给予人类好的东西吗？"理性"和"文明"这两个词本身，就真的不存在问题吗？什么是"理性"，什么是"文明"呢？提出这样的问题，并不是为了提问而提问，而是因为人类作为动物，实际上是具有一系列负面本能的。这些本能既包括人的软弱、怯懦、贪婪等，也包括人的攻击性、情绪的不稳定性和无节制性等。

我们先来看看"文明"这个词，它既是名词也是形容词。比如在"现代文明"一词中，它就是名词；而如果说"请你文明一点儿"，它就是形容词。其实文明的含义很简单，就是你的行为举止，特别是你在公共场合的行为举止，要符合一个社会大众所共同认可的标准和准则。比如，甲乙双方有了冲突矛盾，要么应该诉诸法律途径，要么冲突的双方坐下来好好

11 荒蛮与理性：现代社会是如何被规训的？

谈判。小到个人，大到国家，这似乎成了共同认可的标准。如果直接诉诸暴力，我们就会给这样的人贴上一个"野蛮"的标签。所以"文明"意味着对冲动性的情绪和攻击性的身体本能的压抑与控制，"文明"对人的要求意味着你不能随心所欲地做自己想做的事情。

不仅如此，文明还对人类的活动做出了隐私与公共的区分。如今，人类的很多行为变成了"私密"，既受法律保护，也受道德约束。但是，其实在人类发展的漫长历史过程中，很多在今天看来是私密的和不文明的行为，在古代都是无所谓的。比如，很久以前，西方人吃饭并没有像今天这样讲究餐桌礼仪，甚至可以直接用手；再如，很久以前，人类两性之间的性活动只是具有繁衍后代的含义，同时也并不是一种隐秘的、不可示人的活动。当然，你可以把文明与野蛮的分界，公开与私密的区分，都称为"进步"。但是你并不能否认，这些都是人类不断赋予的价值标识，其本质是对人类本性的压抑和对人类行为的控制。然而，回到福柯所讨论的公开酷刑逐渐消失这个话题就会发现，在前现代社会中，对人类本性的抵抗要么依靠宗教的戒律（如基督教的忏悔、戒律），要么依靠道德教化（如儒家的礼教系统），但无论是哪一种，都离不开这种公开酷刑所带来的震慑。

我们接下来讨论一下"理性"。与"文明"一样，这也是

179

一个有着多重含义的词。如果不去讲那些宏大而抽象的概念，那什么是"理性"？理性就是不冲动，就是能够克制自己的情绪，按照既有的规矩、秩序和准则去做事；理性不仅意味着克制情绪，同时还意味着尽可能按照"效率最大化"去做选择。比如，无论是在孩子高考填志愿的时候还是在谈婚论嫁的时候，很多家长都会发出"这是人生大事，还是要理性"这样的谆谆教诲。如果一个人实在太不理性了，冲动疯狂到越过了行为的界限，或者完全不受控制，那么就只有两个极端结果——要么被现代司法体系界定为犯罪送入监狱，要么就被现代医疗体系判定为精神病而送入疯人院。由此，我们不难发现，福柯的《规训与惩罚》和《疯癫与文明》的主题具有高度的连贯性和同一性。前者讨论的是"公开处刑是如何消失进而被现代司法和监狱体系所取代"，而后者则是在讲现代医学是如何以科学的方式对"精神病人"进行识别进而以疯人院的体系将他们隔离并对他们进行治疗的。实际上，在我们的现实生活中，这两者是不是总是联系在一起呢？无论是美剧还是国产电视剧，都有类似的题材，如《犯罪心理》《心理罪》等，比比皆是，令人应接不暇。更值得注意的是，我们看现在的新闻事件就会发现，一旦有人杀人了，让其免除死刑的最好方式，就是拿出"精神病"的医疗鉴定，或者至少可以拿出心理疾病的权威证明，如"抑郁症""躁狂症""双相情感障碍"等。

11 荒蛮与理性：现代社会是如何被规训的？

简单来说，人经历了从"动物"到"高级动物"的"进化"，实际上并不是一个纯自然的过程，而是人不断实现"自我治理"的过程。这个"自我治理"过程实际上内在蕴含着对自身本能的某种调解和压抑机制，如果自身无法做到自我调解，那么就要诉诸外在的强制手段来展开。从传统到现代，人类群体所倚仗的这种强制手段越发地"文明"和"科学"。因此，司法体系和医学体系，实质上都是一种现代群体的"治理术"。那么，冠之以"理性"和"文明"的治理术，又有着怎样的特点呢？

罪犯与精神病：群体的"排他性"机制

无论是现代社会中的司法监狱体系，还是对精神病人的诊疗与单独管理体系，实际上都已经构成了"文明"对现代群体行为的治理系统。这种治理系统的第一个鲜明特征，就是它们本身就是一套全新的"分类体系"，这个分类体系是一种"排他性"的识别机制。

我们先来重新审视一下公开酷刑的隐去以及现代司法和刑罚体系的出现。现代司法体系和刑罚体系，其本质是在给那些破坏"秩序"的人以惩罚。而一个重要的惩罚方式就是将罪犯从普通人中识别出来,进而隔离开来,单独进行规训和管理。而且,这种规训和管理至少看上去没有那么血腥暴力,而是以一种更为隐秘和文明的方式所展开的。这种变化,实际上与启蒙运动有着很大的关联。启蒙运动带给现代人的最大变化,是使现代人相信,一个人的行为可以反映他的灵魂与人性。因此,罪犯被关入监狱,一方面是因为他从行为到灵魂,已经不符合现代社会对"正常人"的界定,并且对其他人产生了危害;另一方面,监狱的设置,其实带有"治病救人"的意义——现代社会认为,对罪犯的人身和行为进行全面规训和严格控制可以拯救他们的灵魂,以便他们刑满后重新"回归社会"。

接着,我们再来看一下"精神病院"与现代医学体系。随着自然科学的发展,以"科学"为名的现代医学不再只是处理生物学意义上的生物疾患。现代医学认为,人的精神状况和心理状况出现问题,是由生理原因造成的。由此,现代医学渐渐发展出一整套日趋完备的诊断和治疗体系,来甄别各种精神疾病和心理疾患,并分别对症下药。因此,过去的"疯人院"名称不复存在,而被"精神病院"所取代。从某种意义上说,精神病院和监狱有着类似的逻辑和机制,就是对身处其中的"病人"进行行为上的规训。只不过,如果说监狱是通过行为约束惩戒和宣传教育进行矫正的话,精神病院则是通过规训和药物来进行治疗;如果说监狱的罪犯根据其犯罪情节的不同而确定

11 荒蛮与理性：现代社会是如何被规训的？

刑期的话，精神病院则更像是一种宣判了无具体期限的治疗。然而，如果大家看过一部著名的影片《飞越疯人院》的话，就会发现，所谓"疯人"，或者说"精神病人"，事实上在很多方面异于常人，而且这种异常并非只有消极的意义和破坏性的影响。他们想象力丰富，思维活跃，甚至有着超于常人的创造力。只不过在"理性"与"文明"的光环下，现代社会以一套系统性的方式将这一柄"双刃剑"给磨平了，并且将其牢牢装入"剑鞘"之中。

此外，我们还会观察到一个现象。今天我们经常对司法体系进行的反思和批评除了"执法不严"，就是"立法不细"。我们总是觉得既有的法律体系应该可以分类更细，涵盖更全。同样地，我们的医学体系在处理精神和心理疾病的时候，也出现了这样一种趋势——心理疾病的识别越来越细致，疾病的类型和种类也越来越多。这当然是科学的发展和文明的进步，但是本质上这也是我们的分类体系不断细化和发展的具体体现。分类体系越来越细、分类的覆盖范围越来越广，这意味着什么？有什么"不好"呢？其实，这谈不上"不好"，但是这意味着我们在日常生活中的个体行为，也将日益被纳入这一体系的监视、识别与规训之中；而现代人，也必然将进一步压抑自己的本性。因为只有这样，才能使自己的行为符合现代秩序的要求。

此外，现代社会的规训系统还有一个显著特征，就是将着力点落实在了人的"行为"之上。但是它坚信的是，这种对行为的规训，有助于对灵魂的"矫正"与"诊治"。所以，我们才会在《规训与惩罚》中看到福柯所提出的"圆形监狱"的意象：

> 四周是一个环形建筑，中心是一座瞭望塔。瞭望塔有一圈大窗户，对着环形建筑。环形建筑被分成许多小囚室，每个囚室都贯穿建筑物的横切面。各囚室都有两个窗户，一个对着里面，与塔的窗户相对，另一个对着外面，能使光亮从囚室的一端照到另一端。然后，所需要做的就是在中心瞭望塔安排一名监督者，在每个囚室里关进一个疯人或一个病人、一个罪犯、一个工人、一个学生。通过逆光效果，人们可以从瞭望塔与光源恰好相反的角度，观察四周囚室里被囚禁者的小人影。这些囚室就像是许多小笼子、小舞台。在里面，每个演员都是茕茕孑立，各具特色并历历在目。敞视建筑机制在安排空间单位时，使之可以被随时观看和一眼辨认。

这样的监狱被福柯称为"全景敞视主义"，其基础逻辑就是将置于其中的人全部变成"透明人",而"可见性"更是其核心技术,它就是一个捕捉器,对行为的观察与规约则是其核心目的——因此,在现象背后的底层逻辑上,现代监狱和现代精神病院有着同样的基础构造。

这样一种现代群体的规训术,实际上又和我们前面讨论过的政教分离有着微妙的关系——我们曾经讲过,现代政治的核心是一种"停在表面"的政治,所谓停在表面,就是指政治通过制度、法律系统以及市场契约规约人的行为,至于灵魂与终极价值的问题,则交还给了宗教。由此,本章中所提到的这些对行为的治理系统也就不难理解了。

群体安全与个体隐私:群体的恒久悖论

事实上,今天遍布于大街小巷的监控摄像头,设置于社区、机场的人脸识别设置,留存在电脑系统中的消费记录……这些设置固然是科技进步的产物,但同时也促成了全景敞视主义扩展到了今天的社会层面。毫无疑问,这些技术手段的应用,既给我们的生活增添了便利,也间接提升了我们的安全感。因为一旦遭遇犯罪,我们今天有太多的途径可以查到罪犯的行踪轨迹,而且相较于以前似乎更容易获取证据。但是,这些技术手段的广泛应用也引发了我们的某些担忧。比如,我们的个人信息和隐私是否会被泄露?这些担忧使现代群体处在一种进退两难的纠结境地。

如果抛开新技术的应用给我们的日常生活提供的诸多便捷与高效不谈,我们会发现这些技术有一个共同点,那就是进一步提高了每个个体行为的可见性,并且越发实现了实时监控和轨迹捕捉。这样一个高度可见性的社会,意味着现代文明体系发展到今天,已经越发不相信"个体"的道德水准,而是必须依靠一整套外在的监控系统来完成对人们日常行为的规训,依靠对人性中"恶"的部分进行惩罚形成震慑。

自古以来,关于人性本善与人性本恶的争论从未有过结果。其实,人性本无善恶。人性中既有善的部分,如我们天然的同情与怜悯,也有恶的部分,如我们本能的贪婪与自私。依托技术手段所构造的现代社会的监视系统,实质上是对现代人人性恶的部分进行的无孔不入的规训,这一切的前提和基础预设乃是对人性的极度悲观的判断。实际上,监控系统越细致入微,也往往意味着一个社会普遍的道德水准越发堪忧。

在这样严密的监控系统下,我们确实有可能会极为注意自己的言行举止,在可能被拍摄到的或者留下轨迹的地方克制自己人性恶的部分,然而问题在于,这样一种克制,更多的究竟是出于自身对"正义""善良""底线"的坚守,还是出于对

11 荒蛮与理性：现代社会是如何被规训的？

"监控"和"惩罚成本"的恐惧呢？其实，一个人出于内心的价值与坚守坚决不去做一件事，还是出于对惩罚的恐惧而不去做一件事，这两种状态有着天壤之别。我们今天，更喜欢按照后一种方式理解他人与理解自我，但这种状态实际上已经距离真正的"道德状态"相去甚远了。很多时候，人是一种很悖谬的动物，在公众场合和视频监控之下，行为越是规范克制，有时候心灵越是压抑扭曲。所以，一个人的行为反映一个人的内心这个现代性判断，我并不同意。如果这句话成立，那么怎么会出现"满嘴仁义道德，一肚子男盗女娼"这句话呢？不仅如此，越是将行为的规训和失范的惩罚变得全面而细致，一个人行为所具有的欺骗性与表演性也就越强。

在以"行为规训"为核心的监控体系越发深入我们的日常生活的时代，在"可见性"技术面前我们越发成为"透明人"的时刻，似乎现代社会已经不存在"隐秘的角落"了。但是，我们有时候却忘记了一点，真正隐秘的角落，恰恰在无法监控的"内心"，这才是现代社会留给我们的最大课题——因为这不是依靠制度和技术就可以解决的问题。其实，我们大可不必对不可测的"人心"过度焦虑，无论是技术还是制度，都应该有勇气给每个个体的"人心"留出一份不那么透明的自留地。

在本章的结尾，我们不妨再回味一下福柯这句意味深长的话："在欧洲建立了新的刑法体系的一百五十年至两百年间，法官借助于一种渊源久远的进程，逐渐开始审判罪行之外的东西，即罪犯的'灵魂'。"[1]

延伸阅读

［法］米歇尔·福柯：《规训与惩罚》，刘北成、杨远婴译，生活·读书·新知三联书店2012年版。

［法］米歇尔·福柯：《疯癫与文明》，刘北成、杨远婴译，生活·读书·新知三联书店2019年版。

［法］米歇尔·福柯：《性经验史》，佘碧平译，上海人民出版社2016年版。

---

[1] ［法］米歇尔·福柯：《规训与惩罚》，刘北成、杨远婴译，生活·读书·新知三联书店2012年版，第20页。

12
道德与法律：现代社会治理为什么需要"软硬兼施"？

12 道德与法律：现代社会治理为什么需要"软硬兼施"？

在整个20世纪90年代直到21世纪初的前几年，曾经有一项社会关注度颇高的赛事，叫"国际大专辩论赛"。这项赛事带动了国内第一波有关辩论赛的热潮，而在各种各样的辩论赛中，有一个高频率出现的题目是"治理国家法律更重要／道德更重要"，它还衍化成"德治／法治究竟哪个更重要"等多种形态。实际上，法律与道德的问题，并不是一个新问题，而是自古以来就存在的争论。亚里士多德有一句名言"人是城邦的动物"，这句话表明了古典时期的西方的一个显著特征，即城邦作为政治体的主要意象，其重要职责是培养城邦公民"善良""勇敢"的品格与德性。简言之，正如在前面的章节中我们讨论政教分离时所谈到的，如果说经历了政教分离的现代政治的核心治理目标是通过法律、契约和制度来规训人的行为的话，那么古典时期的政治的核心目标则更侧重于培养"德性"。

实际上，在我们所身处的生活世界中，法律与道德这二者都不是一个非此即彼的排他性关系，它们之间往往相互纠缠，相互影响，并且在具体的历史时空中共同编织着一个国家以及一个社会的秩序基础。然而，人类社会之所以不同于动物世界，就在于人类文明的复杂性，而这种复杂性在法律与道德的关系上又有着集中的呈现。因为尽管法律与道德绝不是辩论赛辩题中所展现的那样的互斥关系，但是这两个名词之间也不能画上等号，甚至还会在某些情况下产生矛盾和冲突。那么，究竟什么是法律？什么又是道德呢？罗翔教授有一句名言："法律是道德的底线，一个人如果口口声声说自己是个守法的人，那他很可能是一个人渣。"这句话道出了两者之间关系的本质，但是一个新的问题接踵而来：为什么法律不可以变成道德的高限呢？实际上，古往今来的大多数政治系统都希望自己治下的人民有着高尚的道德与品格，那么既然如此，为什么不能将一个人至高的道德标准制定为带有惩罚性的法律或者典章制度呢？这样做的话，不就可以杜绝人渣的出现了吗？不就可以杜绝那些合法的"蝇营狗苟"的小人了吗？在这一章中，我们将讨论的，就是这样一个问题，并且以此来理解现代文明究竟为何使用"软硬兼施"的方式进行群体治理。

12 道德与法律：现代社会治理为什么需要"软硬兼施"？

法律与道德的复杂关联："江歌案"的底层逻辑

大家一定都知道在舆论上长时间占据热点位置的、有着极高关注度和讨论度的"江歌案"。这一事件发生在 2016 年，当时在日本留学的中国学生江歌为了保护受到男友陈世峰威胁的室友刘鑫，被陈世峰用刀捅死在自己的居所门前。而根据目前披露的相关信息，当时躲在屋内的刘鑫紧闭房门，拒绝江歌进入。由于案发地在日本，因此日本当地法院最终判处陈世峰有期徒刑二十年，罪名是故意杀人罪和恐吓罪。

尽管在这一事件后续的发展过程中，现有证据似乎无法完全证明刘鑫是否有锁门和拒绝江歌进入的行为，而关于其拒绝江歌的诸种动机似乎也无从查证。然而，江歌的母亲为了讨回公道，选择在国内对刘鑫发起诉讼。这场诉讼持续了 6 年，直到 2022 年 1 月 10 日，青岛市城阳区人民法院对该起民事案件作出一审判决，裁定江歌母亲获得 69.6 万元的民事赔偿。

作为一名社会学研究者，我并不具备专业律师所具有的法律知识，但之所以还要在本章中将这起案件作为讨论的起点，当然不是因为我要给出任何法律意见，而是因为这起案件从案件过程到后来的舆论发酵以及判决之后的种种反应，实际上都内在蕴含着法律与道德的复杂关系。

193

一方面，整个案件的经过存在着诸多疑点，比如，刘鑫究竟有没有锁门？为什么不第一时间报警？再如，如果刘鑫当时没有锁门的话，那为什么江歌面对凶手的生命威胁没有本能地躲到房间里面？这里面涉及一系列行为以及行为背后的动机问题，进而触动了大众最朴素善良的神经——江歌是为了保护刘鑫才被杀害的，那么刘鑫怎么可以对本来的"局外人"江歌见死不救，坐视不管？其中的动机真的是因为当时的恐慌以致不知所措吗？

另一方面，我们暂且不去讨论事发后刘鑫对江歌母亲的态度，也不去讨论为什么日本的司法系统只是将陈世峰这样一个穷凶极恶的歹徒判处了二十年有期徒刑，我们单纯来看回到国内后江歌的母亲对刘鑫发起诉讼以及最后判决后舆论的反应，便有值得讨论的问题。实际上，尽管有人说"江歌案"的最后判罚（判处刘鑫民事赔偿）伸张了正义与善良，但是依然有很多人对这个结果并不满意。他们认为仅仅是金钱赔偿对于刘鑫来说太轻了，有一种声音认为应该让刘鑫去坐牢，甚至是被判处死刑，才能够赎下她所犯的罪恶。我们的目的并不是要对这一事件以及判罚做出一个是非曲直的判断，而是希望揭示一下这些争论背后的逻辑。

江歌被杀害的整个事件过程虽然今天恐怕已经无法还原所有细节，但是其中最大的争论就在于江歌为什么没有能够进入自己的居所内。究竟是情势不允许,还是因为刘鑫关门而无法进入?如果是后者,那刘鑫为什么关上门呢?这里关门的动机究竟是什么?是恐惧,还是自私?由此,我们可以看到法律作为现代治理工具的一个重要困境,就是法律更多的是对人行为的判定。尽管司法工作人员都希望可以尽可能将"动机"纳入司法审判与司法裁定中,但这显然是具有极高难度的——实际上,所谓动机不是一个行为问题,而是一个有点儿偏道德范畴(人性善恶)的"灵魂"问题。

进而,我们再来看看另外一个争论,就是法院为什么只判刘鑫进行民事赔偿呢?在我看来,大家对这种单纯民事赔偿的不满,可能更多地出于朴素的道义上的善良观念,而并非基于纯粹的法律思维。因为如果要想判定刘鑫需要承担刑事责任,那么必须找到相应的犯罪证据。我们不得不承认的是,普通人和人众的朴素情感激发的是大家的道德义愤,然而遗憾的是,道德义愤在很多情况下是无法转变为法律审判的。

一般来说,法律是刚性的,是有客观标准的,并由国家暴力机关保证其执行效果,也是不以人的意志而转移的,所以我们常说"法不容情";而道德则不然,它是软性的,是存在于大多数人内心的,而且并不像法律那样具有统一的标准,同时也并不带有强制性,因而现代人经常也会认为道德是"靠不住"的。上述案例似乎就是这样的内在逻辑在起作用。然而,法律一定是硬性的吗？道德一定是软性的吗？其实这个问题，本身可能就没有确定性的答案。

法律一定是硬性的吗？

成熟与健全的司法体系是现代文明的重要标志之一。法律又有着这样的一些特点。

首先，法律体现的是一个社会的正义信念与公平观念。但是，法律体现的正义，是大多数社会成员的普遍正义，而不是针对个人的正义。法律体现的是大多数人民的意志，考虑的是大多数社会成员一般情况下的情况。例如，之前曾经有这样一起极端案件引发了社会的广泛讨论。东北某省一名13岁男孩杀害了邻居家10岁女孩，但是，由于犯罪嫌疑人没有达到法律规定的刑事责任年龄14岁[1]而只被判收容教养三年。这样的结果对于被害人的父母来说，是正义的吗？但是为什么会这样规定呢？这样规定的法律就是"恶法"吗？我们显然无法直接做出

---

1 此案发生于2019年。2021年3月，《刑法修正案（第十一）》正式实施，该修正案将刑事责任年龄由原来的14周岁下调至12周岁，规定：已满12周岁不满14周岁的人，犯故意杀人、故意伤害罪，致人死亡或者以特别残忍手段致人重伤造成严重残疾，情节恶劣，经最高人民检察院核准追诉的，应当负刑事责任。——编者注

这是一个恶法的判断，因为在大多数情况下，人们在 14 周岁之前尚处于一个自我意识尚未完全形成的阶段，因而不承担刑事责任。

其次，法律还有一个先天的"弱点"，就是它本身具有滞后性，这并不难理解，因为几乎所有法律的出台，以及司法体系的完善，都是在应对社会现实中新出现的状况时产生的。就以上面笔者所提到的这个未成年人犯罪的例子来说，社会公众可能会认为 14 岁是刑事责任能力的年龄界限并不合适，因为在今天的普遍社会状况下，随着资讯媒体的发达，信息传播速度的加快以及社会价值观念的变迁，未成年人心理年龄成熟的速度可能较之以往更快，换言之，他们更为早熟，可能他们 14 岁之前就已经知道自己的犯罪行为会产生怎样的后果，以及这些究竟意味着什么。如果是这样，那么我们就需要认真考虑，并在相应的程序之下提出修正既有法律规定的申请。可是退一万步来说，即便我们最后修正了法律，这也是滞后的，也不能依据修正后的法律去向之前的案件进行追责，这也就是"法不溯既往"的原则。

最后，现代社会中的法律还有一个特点，就是笔者之前讲过的，实际上它主要的管控对象是人的行为，而并非人的内心。现代司法体系更多的是通过判断人的行为是否违法来进行裁定——尽管它总是尽最大努力去辨识和裁定人类行为背后的动机，但是因为人类行为动机的复杂性、不可见性以及人类行为本身所具有的伪装性和表演性，所以法律裁决与评判的标准，依然主要是行为。法律希望可以通过刑罚与规训改善人的灵魂，但是这个愿望恐怕最终很难真正实现。试想，一旦一个人的行为触犯了法律原则，那么我们很自然地会说这个人是"恶"的，是"坏人"。同时，我们会看到，法律对罪犯的惩罚，除了死刑这一剥夺人生命的极刑之外，所有惩罚措施都是剥夺人的权利（自由以及相应年限的政治权利），同时限制人的行为，对人的行为进行规训。因为现代人骨子里相信，对人行为的规训有助于让已经堕落的灵魂和邪恶的心灵重新向善。这也就是我们经常说的"治病救人"。但是，其实在大多数现代人看来，罪犯在监狱内服刑，其本质是对其错误的行为进行惩罚，或者说是犯罪的代价。

需要知道的是，正是由于法律具有上述特点，因此它并不一定完全是"硬性"的。这句话的意思并不是说可以徇私枉法，而是说立法本身就是个非常复杂的过程，其中要充分考虑各种可能的、大多数人的普遍情况。仔细想想，我们总是讨论法律系统是否完善，立法是否科学，执法是否严格，但是我们其实应该追问的一个更为重要的问题是，法律到底是如何出现的？在我看来，法国伟大的思想家孟德斯鸠的著作《论法的精神》实际上就是对这一问题的回应。在这本书中，孟德斯鸠细

12 道德与法律：现代社会治理为什么需要"软硬兼施"？

致入微地为我们揭示了法律与不同类型的政体、风俗、气候、宗教和商业等因素之间的内在关联。在这个意义上，法律不只是单纯的"理性设计"，还和习俗、民情乃至政治制度之间有着莫大的关联。他说："法律还应该顾及国家的物质条件，顾及气候的寒冷、酷热或温和，土地的质量，地理位置，疆域大小，以及农夫、猎人或牧人等民众的生活方式等等。法律还应顾及基本政治体制所能承受的自由度，居民的宗教信仰、偏好、财富、人口多寡，以及他们的贸易、风俗习惯等等。"[1] 其实，不只是西方社会如此，中国社会在从传统到现代的转换过程中，一样经历了儒家与法家的融合与互相改造——在古代的很多时期，中国的士大夫阶层都曾经围绕"亲亲相隐"的问题展开过激烈的争论。所谓亲亲相隐并不难理解，举例来说，就是如果父亲犯了法，而他的儿子包庇了他，那么这种包庇行为到底算不算作犯罪？或许这种争论在现代人看来是落后与愚昧的，但是其背后的本质是儒家的宗法纲常这一人伦系统与法律系统之间的交锋。如果说法律很大一部分来源于习俗与民情，那么我们实际上就无法完全用"硬性"来形容法律了。

---

1 ［法］孟德斯鸠：《论法的精神》（上卷），许明龙译，商务印书馆 2009 年版，第 15 页。

道德一定是软性的吗？

如果说法律的重点是规范人的行为，那么道德则直指人的灵魂与内心。在很多文明中，人类行为的裁判交给了法律，而灵魂的救赎和道德的教化则是交给了宗教。在我们的文明系统中，传统社会中的道德教化责任则主要落在了文人士大夫的身上，其具体的形态并非西方的宗教，而是整个儒家体系。因为无论是《论语》还是《中庸》，抑或是《弟子规》《三字经》，其本质都是在告诉人为人处世的"道理"，也就是儒家所推崇的道德教化的内在意涵。因此，从古至今，中国人对道德的诉求都不只是口头说教，还通过文字与典籍表达出来，并且衍化成约束我们日常生活行为的一套"规矩"。比如，我从小就知道，如果一家人在一起吃饭，长辈不动筷子，我是不能先动筷子的。这种规矩为什么也是道德要求呢？因为它背后蕴含的实际上是对长辈和老人的"尊敬"与"孝顺"，这显然是我们传统文化的道德呈现。

与更多依靠刑罚与惩罚机制的法律相比，依赖于宗教戒律或者教化的道德系统很容易会被认为是"软性"的。尽管在日常生活世界中的道德要求并不像现代社会中的法律那样具有由国家暴力机关支撑的强制性，但也确实在我们的生活中以"润物细无声"的方式起着作用。不仅如此，与西方现代资本主义

12 道德与法律：现代社会治理为什么需要"软硬兼施"？

国家不同的地方在于，很多非西方国家与文明中的从古至今的执政者都始终将社会成员的道德作为国家治理的重要对象。在此类文明的社会生活与政治生活中，评选"道德楷模"、学习"模范先进"是特别重要的治理手段。因此，道德其实在我们的日常生活中扮演着非常重要的角色。我们自己与人相处，其实也都希望自己和身边的朋友内心向善。整个社会，其实也都对那些见义勇为、热心助人的人持有非常高的评价。

那么，我们可以就此说"道德"一定是软性的吗？答案显然是否定的。

一方面，无论我们是去翻阅西方中世纪的历史，还是去看我们传统社会的历史，都会发现道德教化很多时候会以比法律规范更为严苛的形式出现。比如，西欧中世纪的宗教审判；再如，我们传统社会中的各种体现着强烈的道德意涵的、严苛的"家规"。如果说这些距离我们现代人过于遥远，那么我们不妨来看一看今天充斥在生活世界中的"网络暴力"和"社会性死亡"——某个登上微博热搜的事件一出现，网友往往会义愤填膺地站在道德制高点上对当事人进行毫不留情的批评，甚至导致某些人的"社会性死亡"，然而，太多的微博热搜事件会出现"反转"。那些被舆论"杀死"的当事人，那些在网络上虽然不明真相但是发出指责的人，他们自己也坚持认为自己站在道德制高点上，他们的出发点是惩恶扬善。道德的力量多么可怕，它哪里一定是软性的呢？另一方面，我们还可以从"正面"来看待这个问题。我之前提到过，一个人因为害怕被惩罚而不敢去做一件事，和一个人从心底就不愿、不屑去做一件事，其实完全是两个状态。我们用考试来举例子，你是希望你的孩子是基于对考试作弊要受到惩罚而不敢作弊呢，还是希望你的孩子是基于内心的正义而不屑和不齿作弊这一行为而不去做呢？如果是后一种，这显然就是道德的力量。你能说它软弱无力吗？

法律与道德为什么对于群体秩序来说缺一不可？

在本章的最后，我们继续来聊一聊法律与道德的关系。其实在日常生活中，法律起着维护大多数人的正义和总体公平的作用，而道德则是一种驱使人向善的软性力量。按理来说，它们本质上有着"共同"的目标，或者说至少是并不冲突也并不矛盾的，它们共同构造着现代群体的基础秩序，并且发挥着各自的功用。但是在生活中，法律与道德不仅边界不是那么清晰，而且时常会出现相互冲突的紧张情况。更具体来说，我们经常会发现，可能一个人的行为没有违背道德要求，但是却触犯了法律。

12　道德与法律：现代社会治理为什么需要"软硬兼施"？

我来举两个例子。假如说，与你关系非常亲密的一个人身患不治之症，而且就连医生都已经明确无治愈的可能性，甚至没有任何好转的可能性。不仅如此，这个疾病还极为痛苦，连缓解痛苦的药物都没有。这个时候，如果他苦苦哀求你让他安乐死，或者让你协助他完成自杀，而且你真的这么做了，那么我想大多数人不会说你是个"坏人"，也不会说你是个"杀人犯"。因为正像孟子所说的，"人皆有不忍人之心"。从常人的角度上，我们可以理解你的做法，而且也并不会在道德层面上对你进行指责。但是抱歉，如果你真的这么做了，你一定会在法律层面受到惩罚，因为在我们国家目前的法律体系中，安乐死是不被允许的，同时协助他人自杀也是触犯法律的行为。也许你会问，为什么会这样？如前文所述，法律的正义，是普遍的正义。假设一下，安乐死一旦合法化，最大的危险在于，会不会有很多穷凶极恶、丧尽天良的人以安乐死之名，行谋杀之实呢？

再如，电影《我不是药神》的主人公，就是一个典型的行为符合道德要求却违犯了法律的"好人"。他去印度所购买的那些低价药，并非品质低劣，也并非没有疗效，但却依然因为缺少正式认证而被定义为"假药"，因此触犯了法律。从法理上来说，这并没有问题，因为法律是针对普遍情况而非特殊情况所设定的，毕竟不是所有的此类行为都是为了"行善"和

"救人",而是为了谋利。

所以,法律与道德看似泾渭分明,但实际上很多时候边界不清,互相交融。道德有的时候非常强悍,而法律有时候也会"容情"。我们生活的世界,并不是一场非胜即败的辩论赛,法律和道德之间的关系也并不是谁战胜谁的关系。那么,在本章的最后,我们不妨回到开头的那个问题:法律为什么不能成为道德的"高限"呢?这里的原因其实很简单,因为如果以立法的形式将一个人的道德高限确立起来,如果一个人不能达到道德的高限就要受到各种惩罚,那么就会很容易出现普遍的虚伪的结果——或者说,人人都会为了躲避惩罚而"表现"出道德高尚的样子。这样一来,岂不是正印验了中国人的那句老话——"满嘴仁义道德,一肚子男盗女娼"?所以,"群体秩序何以可能"这个问题一点儿都不简单,甚至非常复杂,因为作为构造秩序的底层逻辑的法律与道德,本身就是复杂而相互塑造的系统。

延伸阅读

[法]孟德斯鸠:《论法的精神》(上、下卷),许明龙译,商务印书馆2009年版。

12　道德与法律：现代社会治理为什么需要"软硬兼施"？

［德］马克斯·韦伯：《法律社会学·非正当性的支配》，康乐、简惠美译，上海三联书店2021年版。

［英］亚当·斯密：《道德情操论》，蒋自强、钦北愚、朱钟棣、沈凯璋译，商务印书馆1997年版。

13
制度与人心：群体规则为什么会经常失灵？

13 制度与人心：群体规则为什么会经常失灵？

现代社会为什么迷恋"制度"？

一提到"现代文明"，你会想到什么？是自由平等的价值根基，还是细密复杂的分工系统，是发达的商业贸易，抑或是严密的司法系统和严谨的经济契约？本书的前面这些章节实质上都涉及了这样的问题。对于现代社会而言，上述所有因素都可以视作重要的"构成要件"。但是如果我们继续追问，现代"群体"，又有着怎样的性情倾向与行动逻辑呢？对这一问题的回答，恐怕答案就会非常多样了。其实，本书的各个章节对这一问题也都有所涉及。比如我们所说的工具理性的泛滥、行动背后的理性算计，比如我们提到过的对财富和利润的追逐、对生活的无意义感，再如，我们在讨论"荒蛮与理性"那一章时提到的"不可见的人心"与"可见的行为"。其实，如果非让我挑一个来概括现代群体的普遍内心倾向，就是基于这种

"不可见的人心"以及"人性本恶"的预设而产生的对制度的高度依赖甚至是崇拜。

"制度"这个词大家都不会感到陌生，它在我们的日常生活与职业场域中经常出现，"加强制度建设""深化制度改革"等也是新闻报道中的高频词语。为什么制度在现代人的生活中如此重要？现代人又为何如此信赖制度？制度建设可以解决一切问题吗？制度是万能的吗？之所以这样提问，是因为在我这样一个接受了多年社会学训练的人看来，制度并不是唯一决定要素。大到国家建设，小到企业发展，再小到社区管理，都离不开制度，但也同时不可能只靠改革制度来解决问题。不仅如此，制度有的时候还会失灵。甚至有时候，制度在运转过程中会出现令人意想不到的后果，社会学把这种现象称为"制度的非意图后果"。那么为什么会如此呢？

我们先来看一下"制度"的含义。其实"制度"这个词没那么难以理解，它是一定范围内大多数人普遍的行为方式，同时这些行为方式被明文规定下来，成为大家需要共同遵从的准则，而且带有一定的强制性。尽管制度并不等同于法律，但是制度却同样具有一定程度上和一定范围内的不可违背性。那么，制度还有怎样的特征呢？一个很容易被观察到的特征就是"去人格化"。换言之，今天的人们对制度有着一种近乎偏执的信任，其实这种信任的另一面就是对人的不信任。

13 制度与人心：群体规则为什么会经常失灵？

所谓制度，说白了就是一整套不以人的意志为转移的行为准则与规定。无论是东方文明还是西方文明，在各自发展的历史上都曾经经历过漫长的帝制时代。一般来说，我们通常会认为，"帝制"之所以是封建的和落后的，是因为它终究要被"现代"取代，其中除了它否定了人的自然权利和理性之外，还在于帝制统治下的制度相对来说更容易因为人的意志而转移，并且往往出自少数人的想法，而现代社会则强调以多数人的意志形成的制度，并且这种制度不因为人的变化而变化。

不仅如此，今天的现代人对"制度"的期待，甚至超出了制度本身的能力和职责范畴。我常常观察身边的生活，发现很多人都在潜意识里有这样一种观念：出了问题就是制度问题，一切都是制度不好造成的结果；更令我匪夷所思的是，今天的人们似乎把制度想象成了这样一种存在：只要把制度弄完美了，不论身处制度中的人本身是好是坏、是善是恶，都能运行出好的结果。然而，一系列严峻的问题接踵而至：这个世界上存在这样的"好事"吗？存在这样可以自动化完美运转的制度形态吗？我们在各种人文社科的学术论文中，经常会看到"政策建议"这四个字，一般而言，很多政策建议都会将"完善制度""加强贯彻执行力度"等写入其中。如果制度设计的初衷没有任何问题，那么为什么总是会在执行环节出现种种状况呢？

失灵的制度：故事一则

我们先来看一则有关"制度失灵"的例子。在多年以前，学术界曾经爆出过一则严重的学者学术不端的丑闻。这位被曝光的学者著作等身，还获得了各种奖励和头衔，但这次曝光后，这些丑闻都被一一查实，这位学者也因此断送了自己的学术生涯，受到了应有的惩罚。但是这件事本身以及其他一些学术不端的事件却引发了学术界同人广泛的讨论。在诸多讨论的声音中，有一种意见非常具有普遍性，就是整个学术研究的评价机制出现了问题，简言之，就是"制度问题"。这种看法认为，单纯追求发文数量与成果数量的考评体系导致这种学术不端事件层出不穷。具体来说，制度设计的本来规则就是单纯用科研成果特别是科研论文的数量来进行评判，并且这种评判还和学者个人的头衔、职称、待遇、声望挂钩，这是制度导向出了状况。

对于这种意见，我其实并不完全同意，或者说我觉得这两者之间并不是一个确定性的因果关系。为什么这样说呢？一方面，前几年各大高校普遍实行的科研评价机制确实有不合理之处，如单纯依靠刊物等级、发文章的数量等进行评价，而不对学术水平的实质进行评价。那么，为什么不进行实质评价呢？

13 制度与人心：群体规则为什么会经常失灵？

为什么不采用国际通行的代表作同行评议[1]机制呢？是不是因为对这种专家组评议机制可能存在的幕后交易、人情请托等有所顾忌，所以干脆选择数量化的"客观评价"机制？另一方面，全国从事学术研究的高校教师和科研工作者千千万万，大家面对同样的制度环境，做出违背学术伦理和制度规定的事情的人只是少数。为什么大多数人不会采取这种投机取巧的有违学术伦理的方式呢？为什么有的人遵守，有的人不遵守？这真的只是应该由"制度"来背锅的吗？究竟是制度出了问题，还是人心出了问题呢？

意外的后果：故事一则

如果说上面这则真实的故事讲的是失灵的制度，那么下面这则虚构故事则是在讲"制度"的意外后果。我们都知道，人类文明迈入"现代"这个历史时刻的一个重要标志就是"把人当成人"，更为具体地说，现代文明越是自认为发达，越要努力帮助人摆脱被奴役的状态。但贩卖人口在全世界的各个国

---

[1] 代表作同行评议，就是学者提交自认为可以代表自己学术研究实力的1—3篇学术作品，不论它们发表在何种刊物上都可以，然后提交给由同领域专家所组成的专家组进行评价。

家都是屡禁不绝的现象。也许你会说，这是因为惩罚制度不够严厉。我们不妨做这样一个略显极端的假设，假设有人参与了人口贩卖诸多链条中的哪怕一个小环节，只要证据表明确实参与了，哪怕只是从犯，哪怕只是参与程度很低，都直接处以极刑。大家想一想，如果在现实中真的这样执行了，可能会出现什么样的结果呢？

可以预想的是，在一段时间内，有关人口的犯罪一定会在数量上减少。如果出现了这个结果，我们就可以说制度起到好的效果了吗？我们静下心来想一想，会不会还有另外一个可能性出现，就是一旦如此，最初人口犯罪的数量确实减少了，但是有可能人口贩卖的"价格"相比之前更高了，从而吸引更多人铤而走险，反而提高了人口犯罪的数量。这种可能性显然是存在的。为什么呢？用一个最简单的经济学道理解释就是：风险越大，收益越大。

我在这里举这样一个虚拟的例子，绝不是我觉得应该对人口犯罪予以宽容。我想说的是，一个制度有着好的用意和出发点，或者说一个制度在起点上是"正义"的很重要，但这并不能直接决定制度运行的结果。这就是社会学经常强调的"制度的意外后果"，或者说制度的"非意图后果"。

我们以上面这则虚构的故事展开深入思考就会发现，对待类似的问题，严刑酷法以及执法严格当然非常重要，但与此同时，对"人"的教育其实同样重要。实际上，这也是我们前面讲过的"一个人出于恐惧而不敢做某件事"和"一个人出于底线而不齿做某件事"的最大差异。

制度为什么会失效？

难道就没有一种天然完美的制度，可以杜绝所有人为因素和"非意图后果"吗？我们上面所举的这两个例子，首先是想告诉大家，没有制度是万万不能的，因为无规矩不成方圆。但是大家千万不要相信，只要我们设计出一套完美的制度，那么就可以万事大吉了。因为制度既是人制定的，同时其运行也离不开置身其中的人。所以，著名历史学家钱穆先生才会说，制度不能脱离具体的人事而存在。老先生这里所讲的"人事"，并不是今天我们说的"人事处"的那个意思，而是指"人的情况"，也就是我在本章中用的"人心"这个词。

实际上，失灵的制度也好，制度的意外后果也罢，都和"人""人心"有着莫大的关联。制度会失效，绝不只是因为它不够完备，或者单纯在"设计"中出现了疏漏与偏差。事情远没有那么简单。

我们先来看一个古老但是经典的制度变革案例——北宋时

期的王安石变法。宋代在中国历史上占据着重要而特殊的地位。一方面，整个宋代的疆域在周边尚武的游牧部落不断侵扰下愈加萎缩，"积贫积弱"成了教科书以及大部分人对这个时期的典型概括；而另一方面，在宋代整个江南地区得到了空前的开发，经济贸易发达，文化艺术达到了又一个顶峰。同时，宋代还为中国历史"贡献"了为后世不断讨论的经典案例，即王安石变法。从"动机"与"初衷"上看，王安石变法是一场励精图治但最终却以失败告终的改革。钱穆曾对此有过这样的评价："安石的最大弊病，还在仅看重死的法制，而忽视了活的人事。"[1]

这是什么意思呢？我们用王安石对科举制的改革来讲。在改革之前，科举制度的考试非常重视诗词歌赋，王安石认为这样的考试方式不够"实用"，因为诗词歌赋写得好似乎既不能强兵，也不能富国。所以王安石主张降低诗词歌赋的比重，重视"经义"和"策论"。经义就是"道理"，策论则可以理解为我们今天常说的"对策"。那么这场变法最后的结果如何呢？王安石是一个非常固执的人，在他所有的变法主张中，他只对改革科举制的尝试有所反思，他自己评价道"本欲变学究为秀才，不谓变秀才为学究"。这句话的意思是说，我本来想

---

[1] 钱穆：《国史人纲》（下册），商务印书馆2013年版，第578页。

13 制度与人心：群体规则为什么会经常失灵？

通过对科举制的变革，把那些只会写诗的书呆子变成真正有实干能力的秀才，没想到却适得其反，反而选拔出一批还不如以前的书呆子。为什么会这样呢？钱穆对此有着这样的解释：

> 今年治经，明年应举，经术但为利禄之具，尊经术而反卑之。举子止问得失，王安石在位，则经义欲合王安石；司马光在位，经义欲合司马光……诗赋出题无穷，经义问目有尽。诗赋必自作，经义可用他人。[1]

我们先来解读一下上面这段钱穆的解释。传统社会中的学问体系，主要分为经学与史学。史学是以《史记》《汉书》《资治通鉴》等史书为代表的记载历史上的人与事，进而通过历史记载而"明理"的学问。所谓经学，简单来说，就是"道理之学"，也被称为"义理之学"。无论是《论语》，还是《孟子》《中庸》《大学》，实际上讲的都是为人处世的规范与道理。在王安石改革科举制之前，科举制考试包括"诗词歌赋""经义""策论"等各项内容，王安石认为，科举制考诗词歌赋是"没用"的，治理国家真正需要的是懂道理、有对策的人才，所以他要加大"经义"和"策论"在科举考试中的权重。

---

[1] 钱穆：《国史大纲》（下册），商务印书馆2013年版，第598页。

王安石变革科举制的出发点是好的，他只是想选拔出"有用"的人才。但是他没想到的是，对于大多数参加科举考试的人来说，参加科举考试本身就只是他们求取功名利禄的工具而已。对于他们来说，为国尽忠，或者自己通过读书有更高的修养，成为更好的人都不是目的，读书、考试的唯一目的就是取得功名利禄。所以钱穆说，这种改革方式看上去是重视"经义"，但是实际上是对"经义"的一种轻贱的处理方式——因为儒家经典和义理在这种制度改革之下只是变成了追逐功名利禄的工具而已。考策论和经义还不如过去考诗歌。因为诗词歌赋变化无穷，更考验人们读书的广度和自身的知识修养，但是考经义和策论，考生每天想的事情就变成了谁是考官，考官喜欢什么样的答题思路。由此，反而把秀才变成了学究。

　　我用王安石变法中科举制改革的例子是想说明，从本质上说，不存在绝对完美和绝对完备的制度。因为所有的制度，最终要靠身处其中的每个人去执行，因此，一项制度的运行要想取得比较好的效果，就必须看这个制度是否适合大多数人的情况，也要看在制度中的人的心态和价值取向。就拿上面的例子来说，在王安石的时代，大部分人只是将科举考试和读书作为做官的通道，而做官又只是为了满足自己求取功名利禄之心，在这样的情况下，无论你如何改革考试内容，他们都只会揣摩考官之意，所有读书和准备都是为了应试，而书中的道理是不

13 制度与人心：群体规则为什么会经常失灵？

是真的道理，通过读书成为怎样的人对于这些人来说已经不再重要。这也就是我说的"制度与人心"中的人心。

我们再举一个例子，前段时间看到一个朋友转给我一篇论文，论文大体的意思是"建立生育权交易制度"，以此解决我国目前存在的生育率下降、人口红利降低和人口老龄化问题。这个制度的设计是，每对夫妻的生育权可以进行交易，如果你没有意愿生孩子，那么你可以把你的生育权以一个价格交易给那些有意愿、有能力多生的人。可能大家听完这个，第一反应是，生育与否是现代个体的自主权利，怎么可以这样交易。这点我当然认同，但我想从另外一个角度来讲一下，为什么这个制度设计只是一个"看上去很美"的设想。我们先抛开生育与否是个体自主选择这一层面不谈，那么如果这个制度实行了，会产生什么结果呢？

至少有两种很可能出现的"非意图后果"。第一种，会不会出现高收入阶层不断购买低收入群体的生育权问题呢？这样一来，会不会造成贫富差距在代际之间加大？也就是说以后富人的孩子越来越多，而穷人的孩子越来越少呢？第二种，如果有些家庭有着严重的"重男轻女"思想，会不会想尽办法去交易生育权呢？这两种结果无论出现哪种，其实都已经违背了这个制度设计的初衷。因为设计者在做这样一种制度设计的时候，并没有考虑到真实的人的状况。他设想的是，如果你不愿意生孩子，那么你就把生育权交易出去呗！但一个家庭没有孩子，可能会有很多种情况，可能是经济压力，可能是观念心态，也可能是还没做好为人父母的准备，同样还可能是生理因素。但是无论是上述哪一种情况，都并不构成生育权可以被定价、被交易的理由。

制度可以有弹性吗？

现代社会的人们，越来越相信制度，因为制度是刚性的，制度是客观的，制度是没有人情味的。现代社会的人们，也越来越不相信人心，因为人心不可测。但是，制度终究脱离不了人，制度的设计、运行都要依靠人。简单来说，一个制度出发点再好，也不能保证它在执行中不出现各种各样的偏差，再好的经，也会被"歪嘴和尚"念跑偏。

实际上，以往我们对制度展开讨论的时候，很容易陷入"制度的刚性陷阱"。即我们认为制度必须是高度严密的，执行应该是不近人情、高度严格的，最好是自动化的。这样的一种思维逻辑至少忽略了两个重要的"社会事实"。

其一，制度的运行情况永远是和制度中的各个环节所涉及的人有关系的。这里所说的"人"，就是指普遍的人的状况。

制度的设计者、制度的执行环节的各个执行者以及被制度管束或者说制度起作用的人的状况，其实共同决定着制度能不能起到它本来所期待的效果，而尽可能减少"非意图后果"。

其二，制度无法穷尽和规定人类行为的所有可能性。在本章开头，我们就提到过，现代人有一种很强烈的内在倾向，就是希望有朝一日可以发明一种制度，这种制度只要运行起来，不论人心善恶，整个人一旦进入制度，就会自然按照制度要求行事。而如果每个人都按照制度要求行事，所有人也就是我们说的"群体秩序"就会向好的方向发展。实际上，这种理念固然美好，但是它忽略了一个重要的事实，就是人之所以是高级动物，可不只在于他们是群居的，同时还在于人本身所具有的主体性。正是因为人的主体性特征，所以尽管人类具有普遍性属性，但还是有着各种各样的，乃至无法穷尽的行动选择。不同的人在同样的制度下会有不同的反应，同一个人在不同的制度面前也会有不同的选择，甚至同一个人在不同人生阶段、不同情形下面对同一个制度都可能会做出截然相反的选择。同样地，正是因为无法穷尽人类的所有行动选择，制度才应该在明确一些大的框架和底线原则的同时，留出一些弹性空间——这个弹性空间，不是指要给人徇私舞弊留出余地，而是说要给制度中的人在面对一些特殊情况时，留出自由裁量权。我们不要忘记，制度不仅作用于人，不仅靠人执行，也同样是由人设计出来的。

社会学是一门具体的学问。说它具体，就是因为这是关乎"具体的人的具体情况"的学问。制度固然重要，但是只有充分体察人心状况和人的境况的制度，才是合适的制度，也才有更大概率产生好的结果。

延伸阅读

钱穆：《中国历代政治得失》，生活·读书·新知三联书店2018年版。

［美］刘子健：《宋代中国的改革：王安石及其新政》，张钰翰译，上海人民出版社2021年版。

邓广铭：《北宋政治改革家王安石》，生活·读书·新知三联书店2017年版。

14
国家与个人：现代社会还需要"国家"吗？

14　国家与个人：现代社会还需要"国家"吗？

我们经常说，现代文明社会是一个个人主义至上的社会。自文艺复兴到启蒙运动，大写的"人"站起来了，这是一个毋庸置疑的事实。这一运动趋势伴随着工业文明和资本主义秩序在全球范围扩张，产生了广泛而深远的影响。"自我""自由""自主""个性"成了新的时代主题词。同时，随着20世纪90年代冷战的结束，不同国家、不同文明之间随着经济、贸易以及技术的交流、往来与合作，关系越发紧密。今天的世界分工体系已经将产业链嵌入世界各地，以系统化的方式将不同国家的人"捆绑式"纳入一个系统之中。同时，尽管发达国家与发展中国家之间还是存在着全方位的巨大差距，尽管不同宗教之间甚至不同意识形态之间还是会存在着各种分歧、矛盾甚至冲突，但是人类在过去20年内似乎越发相信一个普遍趋势，即我们共同居住在一个地球村上。实际上，仔细想想，这样一种对地球村甚至是对世界公民的期待，其观念上的起始点在于

"个体主义"所塑造的时代价值观的普及。

然而,"大写的'人'站起来了"也会带来一个新的问题,即在个体至上的时代,我们还需要国家吗?本书第七章讨论的是职业与分工问题,我们揭示了职业与分工系统是如何为现代群体提供最基本的生存基础和组织样态的。简单来说,个体至上与职业至上很容易塑造出这样的"幻象":一个人,没有工作,没有自我,都远远要比没有国家来得可怕。那么真的是这样吗?究竟什么是国家?如果说国家是人类群体存在的重要形态的话,那么今天的"国家"究竟是什么?以平等、自由为普遍价值根基,以有机团结为主要群体联结模式的现代个体,和国家之间又是何种关系?我们经常会在新闻报道中听到这样的话语:没有国哪有家。我们还经常会在模范和楷模的先进事迹中看到这样的表达:舍小家为大家、舍家为国。实际上,在任何一个国家,都会以各种方式来对民众进行"爱国主义"教育,爱国也是一种普遍被称颂褒扬的价值观念。然而,如果我们连"国家",特别是"现代国家"究竟是什么都还没有搞清楚的话,那么我们谈论的"爱国"究竟又是什么呢?爱国,究竟是一种无须理性思考的本能情感,还是经过宣传教育后形成的价值观念,抑或是经过审慎思考后的个体选择?实际上,对上述问题的回答,恰恰是我们理解"国家"这种复杂的群体组织形态的关键,也是我们在本章中要重点讨论的问题。

14 国家与个人：现代社会还需要"国家"吗？

换个角度看"国家"："归化"运动员究竟是哪国人？

在本书的第二章中，我曾经用谷爱凌举例，通过"谷爱凌到底是不是普通人"这个问题来对"平等"与"自由"概念的本来含义进行了一番讨论。在这一章我们讨论现代个体与国家之间的关系的时候，还是要从这位"全民偶像"和"元气少女"开始。众所周知，谷爱凌的成名缘于冬奥会，而在冬奥会上摘金夺银的不止谷爱凌一个人，但是获得最大流量、最广泛关注的毫无疑问是谷爱凌，这除了谷爱凌本身的综合素质之外，还有一个重要的因素，就是她是"归化"运动员。所谓"归化"运动员，是现代体育中的一个常见现象，即一个运动员通过合法合规的程序，在相应的具体条件下可以变更自身的出生国国籍，代表另一个国家参加各项体育赛事。

实际上，谷爱凌这种类型的"归化"运动员在世界体育领域非常常见，因为谷爱凌毕竟是中美混血儿，她的妈妈是不折不扣的中国人，只是后来才移民旅居美国。而在体育领域，我们经常见到的是无血缘归化。简单来说，就是一个人本来和这个国家没有任何血统意义上的关联，但是同样在符合一定的条件要求（比如在一国连续居住××年以上）后，可以申请改变自己的国籍，从而代表这个国家参加比赛。近年来，中国男足为了在短期内快速提升成绩，就连续"归化"了几名在中国联赛效力的土生土长的巴西球员,并引起了舆论的热烈讨论。大众舆论对这样的行为褒贬不一,争论不休。支持一方认为只要程序合法,符合国际足联和国家政策的规定,这样的做法无可厚非,而反对者则认为无法接受一群土生土长的巴西人代表中国队比赛。实际上,这件事之所以引发了这么多争论,和体育,特别是足球运动本身拥有极高的社会关注度有着莫大关系——其实进入现代以来,随着国家与国家之间交流的增加,普通人的移民早已成为世界范围的普遍现象,这也并没有引发过多的争论。本章想讨论的问题并不是是否应该采取这种"归化"政策,也无意对"移民的人究竟爱不爱国"这样的问题做出某种评判,我们想要讨论的"元问题"乃是,以"归化"运动员为例,这些非血缘"归化"运动员到底是哪国人?对这一问题,其实大家恐怕会有无数种答案。一种声音认为,只要符合程序的"归化"人员,那就可以视作中国人,这种看法显然遵循的乃是"国家"的法理逻辑。还有一种声音认为,一个不会讲汉语、从小不是在中国长大、和中国人没有任何血缘关系、没接受过中国文化熏陶的"老外",即便手续完全合规,也不是真正的"中国人"。其实,这一分歧的背后,恰恰体现了"国家"的复杂形态。

国家：群体的大规模存在形态

如果我们都承认"人类是群居性动物"这句话，那么似乎"国家究竟是什么"是个不需要过多讨论的问题——因为既然是群居性动物，那么群体就一定需要制度、秩序与规则，而国家毫无疑问就是这些规范的制定者与治理者；不仅如此，一群人在漫长的历史中共同生活在一定的地理空间，慢慢形成了共同的习俗，形成了共同的语言和文字，甚至产生了共同的宗教信仰，于是对自己生活的地理空间有了很强的界限感，在这个意义上，"国家"就不只是一个政治概念，同时还是一个文化与文明的概念。

如果单单从政治学的角度来看，"国家"其实并不复杂，因为它无非是权力的来源、分配与执行的机器。如果从马克思的观点来看，国家无非是"一个阶级统治另一个阶级的工具"。但是，真实历史进程中的国家的类型可要比这些复杂得多。如果以"世界"作为尺度，我们会发现有很多国家实质上属于"宗教国家"的范畴，或者说是政教合一的国家形态。这些国家的起源，核心来自共同的宗教信仰，宗教权力在很大程度上就是世俗政治权力，或者完全碾压了世俗政治权力。而除了宗教国家，在人类最近几百年的文明史上逐渐形成的，乃是一种"民族国家"（nation-state）的国家形态。

简单地说,民族国家就是将民族看作一个真实存在的共同体,其中血统、宗教、文化、语言等都共同起着作用,进而,在现代历史进程中,现代国家的构造开始以"民族"作为重要的内核,并且开始以国家的形态登上历史舞台,这就是学术界经常讨论的民族国家。实际上,如果我们看一下欧洲近百年的历史就会发现,无论是20世纪80年代的东欧剧变,还是后来南斯拉夫的解体,都有民族国家的逻辑在其中起着作用。美国学者本尼迪克特·安德森(Benedict Anderson)曾经写了一本书,叫作《想象的共同体》,这本书的副标题叫作"民族主义的起源与散布",他明确说道:"民族被想象为拥有主权,因为这个概念诞生时,启蒙运动与大革命正在毁坏神谕的、阶层制的皇朝的合法性……民族于是梦想着成为自由的,并且,如果是在上帝管辖下,直接的自由。衡量这个自由的尺度与象征的就是主权国家。"[1] 当然,除了宗教国家、民族国家,在人类历史上还出现过更为普遍的国家形态,即所谓的"帝制国家",即由君主专制及其所附属的官僚集团构成的国家形态。这种国家形态在历史的进程中被"现代国家"所取代,并且还被现代文明和现代人打上了"专制""愚昧""落后"的标签。

---

[1] [美]本尼迪克特·安德森:《想象的共同体:民族主义的起源与散布》,吴叡人译,上海人民出版社2016年版,第7页。

14 国家与个人：现代社会还需要"国家"吗？

其实，国家的形态多种多样，大家可能不知道的是，在非洲地区，还曾出现过无国家的政治形态。一位名叫 E. E. 埃文思－普里查德（E. E. Evans-Pritchard）的人类学家曾经专门对非洲的无国家部落展开人类学的田野调研，并且写出了一本很有趣的书，名叫《努尔人：对一个尼罗特人群生活方式和政治制度的描述》。在这本书所呈现的努尔人社会中，看不到"国家"，也看不到"政府"，但是这个部落依靠着婚姻制度、亲属制度和年龄组制度有条不紊、井然有序地运转着，这就是"无国家社会"的存在状态。

实际上，无论一个群体的语言和文字中是否出现了"国家"这个词语，"国家"都已经成为人类群体中最为典型的一种存在形态。我们提到了这么多有关"国家"的类型，如果你问我"国家"究竟是什么，我会说，所谓国家不过是大规模群体（共同体）的最常见存在形态。

现代国家：群体化学反应的复杂后果

宗教国家、帝制国家、民族国家、现代国家、封建国家……在漫长的历史中，这些都是曾经存在或者正在存在的国家形态。看到这些名词，我们大部分人都会感到晕眩或者迷茫，因为很多时候，我们搞不清楚为什么会有这么多类型的国家，也搞不清楚这些名词都是从何而来。本书无意如"国家百科全书"般对这些名词所涉及的来龙去脉做出清晰的梳理，但是在这部分中，我们将围绕"现代国家"这四个字展开一些讨论。

从政治哲学的角度来看，所谓现代国家，似乎有一个基础的模板——三权分立、代议制民主、国家与社会的二分、舆论监督、公民权利往往被认为是现代国家的构成要件。但是这种"教条式"的理解很容易遮蔽的一个事实在于，人类迈入"现代国家"的序列的时候，最初是以"绝对主义国家"[1]的形态出现的。通常而言，我们很容易认为个人权利（right）增长的对立面是"国家权力（power）的衰退"，但历史恰恰不是这样书写的，我们不妨来看一看那些最先开启现代化进程的西方国家，无论是英国、法国还是德国，它们个人权利的增长都是和国家能力前所未有的增强相伴随的。为什么会这样呢？

实际上，西方中世纪的历史，就是地方领主不断起来反对中央领主，而当其中一个地方领主成为中央领主之后又被其他地方领主反对的循环过程——其中有一个很重要的原因，就是在中世纪的时候，西方社会的封建制是一种典型的"契约封建

---

[1] 指从传统国家向现代国家的过渡时期。绝对主义国家具有部分现代国家特征，但强调中央集权。在此时期，欧洲出现了路易十四等著名君主。——编者注

制"，即罗马帝国崩溃以后，很长时间内没有既统一又有威慑力的中央政权，因此地方上的人为了寻求保护，和一些有着军事能力的贵族达成了契约关系，领主对臣民提供军事庇护，而臣民则缴纳相关的赋税。

在这种封建制之下，一旦地方领主做大做强打败了各路诸侯，自己成为中央领主，那么他就需要通过分封土地来论功行赏，如此一来，就在客观上造成了一大批脱离中央控制的地方领主的现象，由此陷入了分裂、统一的治乱循环。但是，一个有趣的现象开始在中世纪后期出现，这就是这一治乱循环发生的频率越来越低，直到后来地方领主再无反对中央领主的能力，由此，绝对主义国家开始出现了。为什么会这样呢？我们用很简单的逻辑来回答一下这个复杂的问题：随着生产技术的进步与生产效率的提高，随着贸易范围的不断扩大，现代人对货币这一一般等价物的需求程度不断上升，于是，中央领主（君主）突然发现，自己完全可以不再通过分封土地来解决功臣的"激励"问题，通过货币和财产进行激励就可以了。如此一来，直接瓦解了地方领主的军事能力与反叛中央的可能。而与此同时，对于君主而言，一个新的能力变成了必需品，那就是国家政权本身的经济计算能力与财政税收能力。换个角度来理解，我们就会发现，现代国家除了各种观念与价值之外，还有非常重要的一项标志——国家的财税能力。

由此，我们会看到，现代国家的出现，其实和各自的历史基因、文化风俗、宗教传统有着密切的关系。同时，现代国家的出现，还不只是一个"观念"演进的结果，而且和一系列现实的经济与社会变化有着密切的关系。在这个意义上，现代意义上的"国家"的出现，是群体化学反应的复杂结果：它既需要相对同一的群体价值根基，同时也离不开经济、贸易以及分工系统这些"硬"的结构性要素的出现。因此，个体与国家的联系，不是一句简单的"个人至上的时代，个体还需要国家吗"这样的诘问就可以被取消掉的。相反地，在这种复杂的化学反应之下，个体与国家之间的联系，不是更松散，而是更为紧密了。

家国一体：中国国家形态的内在逻辑

如果上文我们的讨论内容，更多是以西方的现代国家的出现为例子的话，那么在这部分中，我们则需要回到自身的文明处境中，去审视作为一个中国人我们自身与国家的关系，以及中国这个有着悠久历史的文明系统的国家形态。

从19世纪中后期开始，中国就逐渐在主动与被动的双重作用下开启了自身的现代化进程。尽管在文化传统、意识形态等

14　国家与个人：现代社会还需要"国家"吗？

各个层面，我们与西方国家存在着很多差异，但是毫无疑问我们已经是一个现代国家。然而，任何一个国家形态的构造都有着自己的历史与社会土壤，在这个意义上，我们又有着非常独特的内在逻辑，即所谓的"家国一体"。

如果只从字面上看，我们可能会觉得"家国一体"这四个字与"现代"相去甚远，甚至是相背离的。我们不妨先不要急着凭借当下的各种抽象观念做出判断，而是先来仔细琢磨一下这四个字所蕴含的复杂意涵。我们恐怕在自己的人生中都有过类似的矛盾：一方面，今天的人们更强调个性，更重视自我，很多时候并不怎么关心国家大事，也对某些教条和僵化式的爱国主义教育和宣传并不感冒；另一方面，人们在很多情境下也很容易被爱国情绪感染。

唐代"诗圣"杜甫的"国破山河在，城春草木深"是尽人皆知的名句，它经常被用来教育我们"没有国哪有家"。然而，现代社会的一个常识却是"家庭是社会和国家的基本组成单位，而个体则是组成家庭的单位"，这句话的背后其实蕴含着"个体优先"的基本原则。那么，我们中国人常说的"家国天下"又是怎么回事儿呢？

从古代到今天，无论时代如何变换，价值观念如何更迭，忠孝两全始终都是中国人的至高追求。而忠孝两全的另一种表达方式便是家国情怀，因为孝是家的核心价值，而忠则是爱国的表现形式。家与国,在中国人的潜意识和价值观念中,并不是彼此独立而又边界清晰的两个领域。那么,我们为什么会这样?这是说我们不够现代吗?为什么对我们来说,家与国往往是一体的呢?仅仅是因为我们从小到大所接受的爱国主义教育吗?

任何一个国家,不论它的政治体制是什么,都需要有将全体人民的意志凝聚起来的东西。表面上看,欧美国家的核心凝聚力是所谓的自由、平等的价值观和一系列资本主义政治经济制度,但在这些外在表象背后真正的内核乃是他们的基督教宗教信仰。而我们的文明延续上下五千年,虽然经历过无数挫折和波澜,但是中国始终都是中国,其核心内聚力就在于家与国无论是理念上还是现实中都是不可分割的。

比如,在我们的文明传统中有所谓"人有五伦"的说法,即君臣、父子、夫妻、兄弟、朋友。我们仔细看这"五伦",其中三个与"家"有关。我们先抛开夫妻这一维度不论,君臣和父子其实有着同构性的逻辑。一方面,父亲对于儿子,其实不仅是血缘关系,同时有着一种地位上的尊卑关系(注意,这里说的卑并不是卑贱的意思,而是指一种位次序列)。其实父子关系在我们的语境下从来都不是平等的。很多40岁左右的中年人,可能最害怕的事情依然是父亲直呼自己全名。终究,"你爸爸还是你爸爸"。另一方面,其实中国传统社会中的君臣关系，又很像父子关系，因为在传统文化中，皇帝不仅是权力的象征，同时也是文化和道德的象征。皇帝是天下所有人的父亲，因此才会有"爱民如子"的说法。

中国人的观念又并非仅仅局限在"家"的范围内。我们常说"修身、齐家、治国、平天下"，这短短九个字，其实就是在表达着我们自古以来的"家国情怀"。这句话的意思很简单，就是说一个人首先应该注意自身的修养和修为，然后是可以照顾好自己的家人，让自己的家和睦有德，如果更有能力，那么就应该为国家和天下做更多的贡献。我们可以看到，自我、家庭、国家之间，是一个连续谱的关系。这也正是"穷则独善其身，达则兼济天下"这句话的本质意涵。

也许你会觉得，"家"是具体的，因为这是日常生活的主要部分；而"国"是抽象的，因为看上去我们并不是每天都和"国家"发生现实联系。然而，我想告诉你的是，其实"国"离你非但没有想象中的那么遥远，而且还极其切近。在西方，国家其实更多是一个与"社会"相对应和相分割的词，国家意味着"政府""权力"等，而"社会"则意味着"民间""个人"。但是，在中国的文化语境中，国家、社会、个人其实是一个连续谱，更是一个整体。这并不是一个包含的具体内涵是大是小的问题，而是一个你中有我、我中有你的不可分割的状态。

我们经常会使用"中华儿女""龙的传人"这样的词语。其实我们已经不可能考证是不是每个人都有着共同的祖先，但我们依然热衷于使用这样的表达方式，它的内在逻辑就是用"血缘"代指每个中国人之间的关系如同家人。我们常说"儿不嫌母丑，狗不嫌家贫"。可是如果别人说你妈妈长得丑，那你肯定要跟他打一架的。同样的道理，每个人都会对自己的大学母校有着无数的吐槽和抱怨，但是母校这个神奇的东西，只能自己说它不好，别人不能说。我们把这个范围再扩大些，就会发现，我们对"祖国母亲"很多时候也是这样的态度和思维逻辑，这就是因为在几千年的文明发展进程中，纵然今天已经步入所谓"现代社会"，我们所理解的"国"与"家"依然是一体和同构的。

至此，我们大体上已经对"国家"的形态、类型以及现代文明中个体与国家之间的关系等一系列问题做了一些讨论。最后，我们还是要回答在本章开头提出的那个朴素而直接的问题：到底什么是爱国？钱穆先生在《国史大纲》的扉页上曾经写下这样的话："所谓对其本国已往历史略有所知者，尤必附随一种对其本国已往历史之温情与敬意。"[1] 所谓一个人对一个地方有感情，其实本源并不来自抽象的说教，而是来自真实生活

---

1 钱穆：《国史大纲》（上册），商务印书馆2013年版，第1页。

过的那些具体的体验。这些日常积累的温情，才是最坚固的情感。温情既有，敬意自至。我相信我们很多人有离家求学或者离家漂泊工作的经历。常年在外，无论是读书还是工作，或者是在外地安家落户，一旦你回到家乡，回到爸妈家，你最想吃的，一定是爸妈做的饭菜，因为这是家的味道。同样地，如果你出国旅游，或者出国留学，再或者出国定居，你也一定会有同样的感受，只不过，这个时候的想念，已经不局限于"家"了，而是"祖国"。我在美国定居的同学，只要回国，就会采购一大堆调味品和食材回去，我每次都笑他，美国不是也有中国超市吗？他每次都跟我说："不是一个味儿！"其实，我们对"祖国"的爱和感情，未必全部来自教育，也未必全部来自那些感人的故事，更多地来自衣食住行、吃喝拉撒的日常，因为这些带给我们的，是最牢不可破的东西——习惯。在我看来，最坚实的"爱国"，是基于具体生活与历史所产生的自然情感。在这个意义上，无论现代文明中的"个体"地位多么至高无上，国家依然都是必需品，也是群体秩序的最主要实现形态。

延伸阅读

钱穆:《国史大纲》(上、下册),商务印书馆2013年版。

[美]本尼迪克特·安德森:《想象的共同体:民族主义的起源与散布》,吴叡人译,上海人民出版社2016年版。

[英]E.E.埃文思-普里查德:《努尔人:对一个尼罗特人群生活方式和政治制度的描述》,褚建芳译,商务印书馆2017年版。

15
后记：谁是鲁滨孙？何处桃花源？

15 后记:谁是鲁滨孙?何处桃花源?

在这本书的最后,我想先跟翻开过这本书的朋友道一声抱歉。因为这本书很可能自始至终都没有用一个标准化、学术化的方式为"群体"这个语词做出既创新又具深意的某种概念界定。实际上,作为一名社会学研究者,我是拒绝做出这种界定的,这倒不是因为它难以界定,而是因为在我看来,通过对概念做出"界定"来理解,这种思维方式本身就是有问题的。换句话说,这本书的目的,是希望可以换一种回答问题的方式,来和大家一起讨论一下,我们生存的时代以及我们所身处的各种类型的群体。于我而言,知识从来不是与生活无关的东西,也不是什么"有用的工具"。因为毕竟有很多人,听过了很多道理,学习了很多知识,却还是过不好这一生。实际上,知识的能量,既不在于总结经验教训,也不在于如先知般预测未来,而在于帮助我们理解当下的生活世界。那么,我们究竟处在何种社会状态中呢?作为群体而存在的人类,以及人类世界中的各种群体，又会有怎样的命运与未来呢？

在本书的最后，我想通过几个小故事来重新回到"人的本质存在状态"这个"玄学"问题，尝试回应一下这个时代命题。

抽象的现代人：生活世界的流亡者

如果把时间拉回到 1 年前，我们都不会想到俄罗斯与乌克兰会爆发这样一场冲突，恐怕更不会想到，这场远在千里之外的冲突会让你自己的朋友圈出现严重的情绪对立与立场分裂。

如果把时间拉回到 3 年前，我们都不会想到这场疫情会持续到现在，而且深刻地影响着我们生活的世界。我们不会想到，手机上的绿码以及核酸检测阴性证明，会成为我们的通行证，我们也不会想到，有朝一日"约个线上会"成了主要的工作方式之一。

如果把时间拉回到 10 年前，我们不会想到今天的人们宁可看 2 分钟短视频也不愿看 10 分钟短文章，也不会想到直播带货成了重要的消费方式，更不会想到"元宇宙"竟然在今天成了高频词语，甚至已经成为很多人心里未来秩序的"理想之地"。

我们是幸运的，因为技术的飞速发展降低了人的联系成本，因此我们并不孤单。然而，我们又是不幸的，因为技术的

15 后记：谁是鲁滨孙？何处桃花源？

发展既没有解决当下的生活世界中的不确定性问题，也没有让人类这个物种具备更好的沟通理解能力，反而对当下更加对立甚至暴戾的世界束手无策。

当我们拎着行李箱在高铁站和飞机场准备一场旅行时，并不知道若干天后是否可以回来；当我们沉醉于形形色色的社交软件无法自拔时，却又经常感到无比孤单；面对聚会的邀请，却又口口声声地说"我社恐"；当我们的思维链条短到只能接收自己同意的那些金句和观点时，便很容易被各种暴戾之气感染鼓动，甚至连理性沟通和审慎思考的能力都在渐渐退化。

现代人的存在方式，为什么变得如此"轻薄"？我们在不断追求快速、效率与增长的同时，也在不断地人为制造着"内卷"。我们如同浮萍一样，很难在一个地方驻足，也很难同生命世界中的他者建立深刻的联结。所谓现代人，不过是生活世界的流亡者。所以现代人很孤独，现代人的处境如同孤岛。

是我危言耸听吗？我先给大家讲个真实的故事。

2019年夏天，我家里的老人在体检中查出身体出现一些指标异常，需要住院做一个穿刺检查，我们挂上了专家号，在住院部也等到了床位。在去医院当天，因为要做检查，老人按照要求要禁食禁水。早上6点，我带着家里老人就到了医院，但在办理手续的时候，出现了一个非常奇葩的情况：医院住院

245

部有我们在门诊登记的预约信息，但是在医生的电脑上却找不到记录；带着老人到门诊部进行检查的时候，找不到登记过的信息，就因为预约信息查询不到。因此，我们在住院部、门诊楼、住院医生办公室之间来回奔波两个多小时，可问题却始终得不到解决。无奈之下我们只能再次咨询医生，他说医院的预约信息联网系统出现了故障，让我们再等待一下。由于长时间禁食禁水，家中老人已经出现低血糖的症状了。我赶紧问医生："能给老人吃点儿东西吗？"医生看了看我说："可以啊，但是吃完了检查也别想做了。"我问："那能不能明天再做？"医生回答说："那不可能，明天做需要重新约号、排床位。"

我既焦虑又生气，跟他说："你不能这样对待病人啊，何况现在这种情况，不是我们的问题。"这位医生淡定地跟我说："我没说是你的问题，但这也不是我的问题，医院住院部这边有记录，但是门诊部的系统里没有你们的记录，我电脑上也没有，必须两边都要有病人的预约记录才能做这个检查啊！这是规定！"我问："你们的计算机中心在哪里？我去找。"医生说："你去了也没用，等着吧。"眼看问题进入焦灼状态，这时候一个胸前戴着实习工牌的医生跟我说："你们别急，我去计算机中心问一下。"他去之后没多久，系统故障就被解决了。当我们终于顺利地做完检查时，已经是下午两三点了。

我给大家讲这个故事，不是要控诉"不作为"的医生。因

15 后记：谁是鲁滨孙？何处桃花源？

为从程序上说，他没有做错任何事。他对我们讲的话，也都不能说是"错"的。检查前禁水禁食，如果不遵守，检查要重新预约，这些都合乎程序与规则，你很难说他"错了"。在这件事情中，我最大的感受是：人们面对一个庞然大物的系统时的孤独无助。你也许会跟我说，这只是个技术问题。抱歉，我不这么看。因为在整件事中，我听到的最多的话是让我们"等着"和医生冷漠地说"这也不是我的问题"。面对这个自动化的预约登记系统，无力是我唯一的感受。系统是自动的，但人却是隐形的，或者应该说人是抽象的：在这个高度自动化的系统里，无论是医生还是护士，抑或是患者，都变成了系统的一个零件，机械地执行着系统所赋予我们的规定动作，但是作为人之本性的同情、理解却被作为"冗余"让系统省略掉了。今天的我们，无论在职业领域还是在生活领域，通过技术、制度、规则、法律等各种表面形式越发紧密地联结在一起，像那位医生一样遵循着程序做好自己的"分内事"。但我们的生活，却在分内事里越活越"抽象"，人也越来越"孤独"，每个人都活成了一座孤岛。而突如其来的新冠肺炎疫情与战争，更是在无情地提醒着我们，我们所身处的世界，就如同一座座被割裂的孤岛一样，无论是岛与岛之间，还是人与人之间，我们的悲欢都并不相通。理解、沟通、共情，越来越成为奢侈品。我们确实还是一个群体，但却可以说是以一个无情的机器形态存在的群体，那么，我们还有走出这种状态的可能吗？

现实的乌托邦：可望而不可即的桃花源

在这里，请先跟我一起回顾两个与孤岛有关的故事。

东晋诗人陶渊明的《桃花源记》为我们描绘了一个理想的人类栖居之地，成为中国文学史上的经典。文中的桃花源并不只是荒无人烟的自然之地，而是人与自然结合的完美之所。也许你会说，桃花源无非是古人脑中所设想出的并不存在的乌托邦罢了。或许你并不知道，陶渊明笔下的桃花源可不是纯粹的文学虚构，而是有着真实的历史依据。著名历史学家陈寅恪先生曾经写过一篇名为《桃花源记旁证》的小文，来专门讨论历史上存在过的桃花源的形态。实际上，桃花源本名桃花坞，"坞"也就是"坞堡"，是中国古代社会中常见于北方的一种聚落形态，是一个自给自足的共同体形态。在这个共同体中，人们有着明晰的分工秩序，有着共享的意义系统，也有着自在的生活世界。

《桃花源记》恰恰为我们展现了中国人所向往的、介于虚构与真实之间的隐逸世界。这里有令人神往的山林溪水，所以

15 后记：谁是鲁滨孙？何处桃花源？

陶渊明说"芳草鲜美，落英缤纷"；这里还有富足有序的自然生态，所以陶渊明也说"有良田美池桑竹之属"。然而大家不要忘了，除却这些"外物"，桃花源之所以是美好的，是因为这里的井然秩序：整个桃花源"阡陌交通，鸡犬相闻"，而生活在这里的人们，"往来种作"，"怡然自乐"。桃花源是因为它的美景和秩序而完美吗？在我看来，并不尽然，因为我们遗忘了陶渊明的点睛之笔："见渔人，乃大惊，问所从来。具答之。便要还家，设酒杀鸡作食。"桃花源还有足以安顿人心的"家"，而桃花源里的人则有着人之本性的最朴素情感，甚至对于闯入桃花源的不速之客，他们依然可以相邀还家，"设酒杀鸡作食"。

我们常说，人间烟火气，最抚凡人心。家，才是这人间烟火气的真正来源。家意味着温暖、理解，更意味着身处其中的人内心的充盈。无论是何种文明，无论是何种历史时期，人类都将"家"以及"家人"的关系视若珍宝。我们向往着人与人之间的关系可以像家人一样，甚至期待着随着技术的进步、联系的紧密，不同文明系统的人可以共同视彼此为家人，相互包容与理解，因此才有了"地球村"的说法。所以，陶渊明借桃花源这个乌托邦式的意象，描绘了人类理想的存在状态。

所以，现实的生活世界才更加令我们困惑，如果"家"是作为物种的人类的理想形态，如果我们真的还同居于一个地球村，那为什么我们能够明显感到"家"的理想状态离我们越发遥远？为什么我们把"家"变成了孤岛呢？处于孤岛状态的人类，早已处于"割裂"与"撕裂"的状态，我们还能回到陶渊明笔下的"桃花源"中吗？

很不幸，这个答案是否定的。因为你别忘了，陶渊明笔下桃花源中的人，是为了躲避秦的暴政而隐居起来，甚至到了"乃不知有汉，无论魏晋"的程度。而今天的我们，早已找不到一片这样可以完全隔绝于世的桃花源了。我们躺在床上，就可以立刻知道俄乌战况；我们操起键盘，就可以纵论天下大事。在手机几乎成为人们的一种器官的时代，技术的发展天然断绝了我们"不知有汉"的可能性。那么，孤岛难道就是我们现代人的终极命运了吗？我们真的逃无可逃了吗？

孤岛的鲁滨孙：一个现代性的隐喻

别急，你不妨听我再讲一个故事——鲁滨孙的故事。

哪怕你没读过小说《鲁滨孙漂流记》，也一定知道这个故事的梗概。现在的人动不动就说自己社恐，我甚至看到网上还有对各种"孤独的分级"，如一个人吃火锅，一个人去医院做

15 后记：谁是鲁滨孙？何处桃花源？

手术，等等，但我想无论现代人怎么给孤独分级，流落在加勒比海孤岛上长达二十八年两个月零十九天的鲁滨孙都属于最高级。但是，孤独与孤岛就是鲁滨孙故事的全部吗？这部小说难道只是一部歌颂开拓冒险精神的虚构作品吗？

我明确告诉大家，并不是。《鲁滨孙漂流记》是一个现代人的生命史，也是对"孤独"这个主题的内心独白。

我为什么会这样说呢？这就需要完整地了解这个故事。

鲁滨孙出身于一个英国的中产家庭——这在当时，被认为是人生动荡最小、身心最幸福的一个阶层。因为他们既不会像上层社会的阔佬那样因挥霍无度、腐化堕落而弄得身心俱毁；也不会像穷人那样因终日操劳、缺吃少穿而搞得憔悴不堪，他们稳定而富足。所以，如果鲁滨孙听父亲的话，认真地掌握一项技能，本分地从事一门职业，或者干脆子承父业，经过长期的努力，就能积累财富，安稳度过一生。但是，鲁滨孙面对这样的未来显然是不屑一顾的，他自己说："我始终顽固地对所有要我安顿下来学做生意的建议充耳不闻，并且持续性地反抗我父母。"

听到这里也许你会说：鲁滨孙有主见，这不是挺独立的、挺有想法的吗？先别着急下这样一个结论，因为如果你仔细阅读这本小说，就会发现，鲁滨孙的这种反抗与独立，其实建立在一大堆虚无缥缈的"幻象"之上。他从未有任何航海经验，更不用提任何航海所需要的手艺与知识；他对航海的热爱，其实并不是出于对未知世界的"发现"，而是基于对自身生活的"抽象不满"之上的，甚至在其中，还夹杂着很多一夜暴富的"幻想"与"欲望"。一句话，决意出走时的鲁滨孙，其实不过是个固执反叛、充满幻想的年轻人。

不仅如此，你还要知道，活在"抽象幻想"中而没有任何实际本领的鲁滨孙可不只是经历了一次"出走"，而是反复四次。他的第一次出走是在狐朋狗友的怂恿下实现的。经历了前三次出走，经历了海上各种各样的风暴，鲁滨孙不但运气极好地没有死于茫茫大海，反而在善良的船长的帮助下，初步学会了经营种植园的门道。然而，这些由于纯粹"运气"与"机缘"的偶然性成功在丰富了鲁滨孙的经历之后，也使他的欲望和自信盲目地膨胀起来，直到他在最后一次出走中，在一场大风暴中孤零零地漂流到荒无人烟的小岛上。

我们不妨回顾一下在踏上孤岛之前的鲁滨孙，他任性而固执，不听从别人的建议，也不考虑父母的感受；在经历海上风暴、被萨里人俘虏而侥幸逃脱之后又野心勃勃，被欲望填充着空虚的内心；不仅如此，鲁滨孙是一个几乎没有任何体力劳动技能的人，更称不上合格的水手。他从未真正认识现实世界的"规律"，在很长一段时间中，鲁滨孙都单纯用宿命论的方式解释自己的人生。他在日记中写道：被萨里人俘虏那天恰好就

15 后记：谁是鲁滨孙？何处桃花源？

是他从父亲家出逃的那天，而从萨里人那儿逃出的那天，也恰恰是他从沉船上逃生的那天，更有意思的是，自己的生日就是他在登上孤岛死里逃生的第一天。简单地说，他不过是在找寻最为表面的因果关系，他不过是任由偶然性摆布，然后再由偶然性的解释来试图安顿自我。

仔细想想，这样的鲁滨孙意味着什么？我们从进入孤岛之前的鲁滨孙身上，看到了现代人的普遍困境：彷徨、封闭、虚妄以及最重要的一个词——孤独。他无法真正认识自然规律，也无法掌握劳动技艺，更无法将重要的他者（如家人）真正放入自己的生命世界中——这恐怕是最终极的孤独。

然而，鲁滨孙的不幸来自孤岛，但鲁滨孙的幸运也来自孤岛。在孤岛上的二十八年，他从一个毫无生存技能的毛头小伙子变成了一个可以自己制造工具、建造房屋甚至种植庄稼的人；在孤岛上的二十八年，他从一个毫无反思能力，仅满足于表面的因果关系的人变成一个反观自我，同时认识自然规律的具有现代理性思考能力的人；在孤岛上的二十八年，他从一个无法悦纳他人的人变成了一个能够与"星期五"这样一个偶然闯入的"野人"结成生命关联的人——他终于开始认识到那些生命中的"重要他者"对于自己的意义。经历了孤岛生活的鲁滨孙，终于变成了一个理性审慎而又勇敢充盈的"现代人"。也只有经历了这一切，终于成为自己主人的鲁滨孙才真正具有了自己的确定性，也才能走出孤岛，走出离群索居的生活，也走出了那个虚妄的、抽象的自我，重返群体，重返社会。

共同体：流亡者的安顿之所

所以，当下的我们，是鲁滨孙吗？恐怕并不是。我们和鲁滨孙之间，相差了无数个"星期五"，也相差了无数个孤岛上的日日夜夜。其实，《鲁滨孙漂流记》可不只是一部小说，它在整个现代思想史中都占有着极为重要的位置，有很多人也都从各种角度做过阐发。但今天我给大家讲鲁滨孙的故事，并不是要大家都像鲁滨孙那样，去找一个孤岛，独立奋斗。我只是想说，鲁滨孙的生命史，既是现代性的隐喻，也是现代性的忠告。它在不断提醒我们，做一个现代人其实并不简单，而做一个真正意义上的现代人，才是我们走出孤岛的前提。

面对"孤岛"与"孤独"，我无法提供答案。但我想说，做一个现代人，找回共同体生活，仍然是我们必须面对的课题。找回共同体生活，意味着我们需要在现代生活中重建人心秩序。它既不建立在遥远而缥缈的"未来"之上，也不单纯依靠利益、规则与制度这些外在的约束条件，而是需要在真实而具体的生活中重新唤起对人之为人的理解、同情与关爱，重

15 后记：谁是鲁滨孙？何处桃花源？

新用伦理、情感与价值充盈抽象的自己。人是目的，而不是手段。这句话里的人，既包括自己，也包括他者。共同体并不是零件与零件拼接而成的机器，而是人与人相互联结而成的有机体。共同体之所以重要，并不在于利益共享，而在于理念相通。人的一生，终究只是漫漫历史长河中的一瞬，我们每个人能做的事情都很有限。但是，也正因为如此，那些在你的生命里定义你的人，那些在我们的生命中留下过深刻烙印的群体，才是生活世界中最值得珍视的。

在我看来，这不是一本有多少"创新"的书，这本书中的很多思考和观点，其实只是我从自己的角度对那些经典的社会学思想和洞见的一次阐发与"转译"；这本书的目的，是想尝试回到"问题发生的地方"，通过重新提问的方式，回到"现代"发生的历史时刻，来重新审视现代以来的一切"群体现象"；同时，这也是一本未完成的书，因为还有更多的群体形态、群体特征以及群体逻辑等待着我们的发现、理解与回答。不过，能够完成这本小册子，本身也源于幸运的我，一直没有放弃"共同体"，也没有被"共同体"所抛弃。在这本书的最后，要感谢我从本科到博士阶段的所有师友，没有那些共同读书的日子，没有那些共同体生活的滋养，也不会有我对于"群体"两个字的观察与理解；还要感谢命运的眷顾，让我在 2019 年的夏天结识了一群有趣的人，一群热爱思考的人，他们在以朴素的方式、严谨的态度、发散的思维，尝试做学者与大众的联结者。知识的本质其实就在于，知识只是知识，它既不是目的，更不是手段，它是我们每个人本身。在这个意义上，与"爱道思"和大观学者们的不期而遇，是我的幸运。

我相信，所有的过往与相遇，都只是在开启共同体的未来。

孟庆延
2022 年 5 月